enfanta la joie chez une petite fille tibétaine,

elle fit jaillir dans son cœur un formidable espoir, celui d'être emportée loin de sa terre d'esclavage, vers le pays de la liberté.

Page par page se déroule l'odyssée de cette féérique libération, à travers un acharnement passionné pour abattre un à un tous les barrages. "L'obstacle" devient ici "matière à action" selon la sentence de Marc Aurèle. Quand l'Amour entre en lice, il donne à l'agir une force indomptable sans cesse renaissante.

C'est ainsi que la tendresse obstinée d'un cœur de femme a su briser les chaînes qui asservissaient une enfant. Yishé s'est envolée vers la terre de ses rêves : elle y vit maintenant dans la joie, elle est devenue elle-même source de joie, car [illegible] nouvel enfantement la f[illegible] dans l'Amour. Gloire à [illegible]

Sœur Emman[illegible]

365 méditations de sœur Emmanuelle

Ouvrage réalisé
sous la direction éditoriale d'Alain Noël

Si vous souhaitez être tenu(e)
au courant de nos publications,
envoyez vos nom et adresse, en citant ce livre,
aux Éditions des Presses de la Renaissance,
11, rue de Grenelle, 75007 Paris.
Et, pour le Canada,
à Interforum Canada inc.,
1055, bd René-Lévesque Est,
11e étage, bureau 1100,
H2L 4S5 Montréal, Québec.

Consultez notre site Internet :
www.presses-renaissance.com

ISBN 978-2-7509-0435-7

365 méditations de sœur Emmanuelle

Recueillies par Sofia Stril-Rever

Photographies d'Opération Orange, Philippe et Françoise Tessieux, et Fabian da Costa

PRESSES DE LA RENAISSANCE

Présentation

Cent ans d'amour

Sœur Emmanuelle, née en 1908, fêtera le 16 novembre 2008 « un siècle d'amour ». Elle entreprit son œuvre en 1971 au Mokattam, bidonville du Caire, dans une petite cabane sans eau ni électricité où elle passa « vingt-deux années de justice », les plus belles de sa vie. Pourquoi, à 63 ans, cette religieuse de l'ordre de Sion, professeur de lettres d'origine bourgeoise, fit-elle le choix d'une pauvreté radicale ? Et comment réussit-elle, sans qualifications spéciales, à faire évoluer les conditions de vie de milliers de femmes, d'hommes et d'enfants déshérités ? Car les ruelles encombrées d'ordures et les cabanes de tôle sont devenues un quartier où il fait aujourd'hui bon vivre avec crèches, écoles, lycée, clinique et usine de compost.

Ces 365 méditations illustrent la force de la foi et de la prière qui permit l'œuvre de transformation accomplie avec le concours de sœur Sara, religieuse copte de nationalité égyptienne, titulaire d'un mastère de gestion et infirmière diplômée. Bouleversée par sa rencontre avec sœur Emmanuelle, elle décida de tout quitter pour partager sa cabane. Ensemble, les religieuses entreprirent de métamorphoser le bidonville, confiant la recherche de financement à l'« ami Jean », ainsi que le surnomma affectueusement sœur Emmanuelle. Fondateur bénévole de l'association humanitaire Opération Orange, Jean Sage développa les grands projets du bidonville, dans une belle fidélité à sa promesse de toujours dire « Oui » à sœur Emmanuelle. Il posa en principe le refus de l'assistanat et privilégia l'appui logistique de responsables locaux qui accomplirent sur le terrain un remarquable travail d'information et de promotion sociale. Les chiffonniers construisent aujourd'hui leurs maisons, réalisent les machines de recyclage des déchets et assument la plupart des frais de scolarité des enfants et leurs dépenses de santé. Priorité a toujours été donnée à l'éducation qui garantit notamment la libération de la femme. Quand, le jour de ses 90 ans, sœur Emmanuelle apprit que trois jeunes bachelières du bidonville s'inscrivaient à l'université, elle versa des larmes de joie en s'écriant : « La réalité a dépassé mes rêves les plus fous ! » Au Soudan également, sœur Emmanuelle et sœur Sara créèrent des *rakoubas*, ou « écoles de roseaux », en partenariat avec Opération Orange. En 1989, elles constatèrent que les enfants, nourris d'un seul bol de féculents par jour, avaient une capacité d'écoute limitée à trois heures et exigèrent l'apport vitaminique d'une orange par semaine. L'Opération Orange a tiré son nom de cette action en faveur des petits Soudanais dénutris. Aujourd'hui, deux mille d'entre

eux sont en formation professionnelle et, parmi les anciens diplômés, un millier travaille dans le Sud à la reconstruction de la région, ruinée par une longue guerre dévastatrice.
Dans le contexte de la crise alimentaire alarmante qui sévit aux portes de l'Europe, la puissance de transformation exemplaire déployée par sœur Emmanuelle et sœur Sara résonne comme un appel nous invitant à trouver la force de changer les choses autour de nous pour un monde plus juste et plus fraternel.

Sofia Stril-Rever,
le 23 juin 2008

Au lecteur

En route vers l'éternité

Au fil de ces pages comme au fil de ces jours, je voudrais qu'ensemble
nous partagions nos peines et nos joies quotidiennes
pour les transformer en un immense bouquet merveilleux,
parfumé d'amour et de tendresse.

Au fil de ces pages comme au fil de ces jours, je voudrais qu'ensemble
nous apprenions à trouver le germe d'espérance,
caché dans notre nuit de douleur.
Il est promesse de lumière et de bonheur à venir.

Au fil de ces pages comme au fil de ces jours, je voudrais qu'ensemble
nous arrivions à chanter dans notre cœur.
Car nous sommes en route vers l'éternité des éternités.

Sœur Emmanuelle

le 10 janvier 2008

1er janvier

Je crois profondément qu'un esprit d'amour habite l'être humain et qu'il est notre source de joie.

2 janvier

Le bonheur n'est pas dans l'abondance des biens matériels mais dans la douceur du cœur à cœur avec nos frères et sœurs en humanité.

3 janvier

En 1993, quand, à quatre-vingt-cinq ans, mes supérieures me demandèrent de rentrer en France, je pouvais partir le cœur tranquille : sœur Sara poursuivait la promotion humaine et sociale des chiffonniers, assistée de l'ami Jean. Comme j'aime à le dire : « Je meurs et ne meurs pas. »
Une durée de vie supplémentaire nous est donnée, à travers notre œuvre qui se continue par-delà la mort physique.

Anniversaire de sœur Sara, née le 3 janvier 1946, à Minieh, en Haute-Égypte

Sœur Sara, aux côtés de sœur Emmanuelle depuis 1976.

4 janvier

« Souris au monde et le monde te sourira ! »
Qu'à chaque instant, notre sourire fasse jaillir des étincelles de joie !

Enfants du quartier de Mayo,
Khartoum, Soudan, 2008.

5 janvier

La joie chante là où l'on vit sans eau, sans électricité et sans loisirs, mais dans une solidarité fraternelle.

Rue du quartier des chiffonniers, Mokattam,
Le Caire, Égypte, 1997.

6 janvier

Les Rois mages marchaient sans répit à travers les déserts d'Arabie et leur voyage fut un périple long et éprouvant jusqu'à ce qu'ils découvrent un petit enfant qui était Dieu. Comme le dit saint Augustin, nous ne trouvons notre repos qu'en Dieu.

MP ΘY
IC XC

7 janvier

Chaque matin, je commence mes journées en renouvelant mon engagement d'amour. Le cœur se remplit de joie dans le partage.

Sœur Emmanuelle, novembre 1998.

9 janvier

Bien des athées vont droit à l'humain, sans passer par Dieu.
Ils rencontrent ainsi Dieu dans l'homme, sans le savoir.

8 janvier

L'obstacle est matière à action. Il se dresse sur nos routes pour nous pousser à vivre davantage, en développant nos ressources d'intelligence et de volonté.

9 janvier

Bien des athées vont droit à l'humain, sans passer par Dieu.
Ils rencontrent ainsi Dieu dans l'homme, sans le savoir.

10 janvier

Je n'ai jamais oublié la tendresse d'une missionnaire de la Charité, rencontrée à Khartoum au chevet d'une malade à l'agonie. Devant son expression radieuse, le visage torturé de la mourante s'est illuminé. Quelqu'un lui offrait une présence aimante !

En toutes circonstances, sachons faire jaillir la joie !

ROI
ABGAR
HANNAN
IC
XC
N

11 janvier

Ton bonheur dépend de toi seul, car il naît au plus profond de ton cœur. Si tu es habité par l'amour, jamais tu ne seras malheureux.

12 janvier

Chaque instant est un défi, une bataille. Saurai-je, en cette minute, repousser mes limites et mes insuffisances pour aimer plus ?

Fresque de la nécropole d'El-Bagaout
près de l'oasis de Kharga.

13 janvier

La religion n'est pas l'essentiel car on peut être une personne très religieuse mais ne pas aimer.

Orphelines recueillies par la Société
Saint-Vincent-de-Paul, Sahafa Girls Home,
Khartoum, 2008.

14 janvier

Il neige et cette prière spontanée monte de mon cœur :
« Merci Seigneur de cette blancheur qui tombe du ciel
et recouvre la noirceur du sol !
Merci Seigneur, Toi qui rends nos âmes plus étincelantes
que neige au soleil, car Tu les revêts de Ta beauté immaculée ! »

15 janvier

Martin Luther King est un héros de la dignité humaine. Il déclara, avant de mourir, que ses yeux avaient vu la gloire du Seigneur. Saurons-nous, comme lui, aimer et servir l'humanité en combattant pacifiquement la haine et l'injustice qui dressent des hommes contre d'autres hommes ?

Anniversaire de Martin Luther King, prix Nobel de la paix, né le 15 janvier 1929, à Atlanta, aux États-Unis

16 janvier

Par sa résurrection, le Christ est la première des victimes de la violence à entrer dans un autre monde où les opprimés retrouveront leurs droits pour des siècles sans fin.

IC
XC
L'ASCENSION du CHRIST

17 janvier

Dalida m'a fait visiter le quartier où elle est née au Caire
et j'ai senti en elle l'âme égyptienne inspirée du divin.
Mais elle n'a pas pu combler un désir éperdu d'amour humain
et elle en est morte.
Dieu est le seul amour qui ne déçoit pas.

Anniversaire de Dalida,
née le 17 janvier 1933, au Caire

Coucher de soleil sur Le Caire.

18 janvier

Nous sommes enveloppés de tendresse. Si seulement nous savions ouvrir notre cœur, nous réaliserions qu'il existe une infinie bonté dans le monde.

19 janvier

L'hiver est une saison de sévérité. Je pense aux sans-abri qui souffrent du froid et j'intensifie ma prière pour tous ceux qui sont dans la peine et les difficultés.

20 janvier

Célébrons chaque jour le miracle de l’existence.

Mosquée d’albâtre au Caire.

21 janvier

Devant chaque femme, homme ou enfant rencontrés,
quelle que soit sa religion ou sa nationalité,
je me suis sentie une sœur de chair, de sang,
de pensée et de prière, dans la vibration de l'âme.

Petite fille du centre de nutrition W. Bashir,
Khartoum, 2008.

23 janvier

Quand on connaît un peu la nature humaine, on réalise que bien des crimes sont commis à cause d'une souffrance intolérable qui provoque un obscurcissement de l'intelligence et de la volonté.

24 janvier

Le pape Jean-Paul II est l'initiateur de l'esprit d'Assise
qui a ouvert la voie d'une vraie réconciliation entre les hommes,
en mobilisant des forces spirituelles pour la paix dans le monde.
Efforçons-nous d'être, avec lui, des artisans de paix.

Anniversaire du Décalogue d'Assise
pour la Paix, le 24 janvier 2002

ET

25 janvier

Ma prière est difficile quand je suis fatiguée.
Je m'unis alors devant Dieu avec tous mes frères et sœurs
du monde dont le corps est abattu.

Sœur Emmanuelle et les enfants chiffonniers.

26 janvier

Aujourd'hui, les chiffonniers débarrassent leurs ruelles de résidus aux microbes mortels. L'usine à compost les dévore et, à partir de causes de mort, recrache des germes de vie. Quelle joie chaque fois que la vie triomphe de la mort ! *Elhamdulillah !* Louange à Dieu !

Inauguration de l'usine de l'Espoir, le 26 janvier 1987, dans le bidonville du Mokattam, au Caire

L'usine à compost à Mokattam et le sourire de victoire de sœur Emmanuelle.

27 janvier

Nous voulons la vérité, mais nous n'en percevons que de petits rayons. Nous sommes trop limités pour la comprendre dans son absolu.

28 janvier

Le risque est toujours grand de nous complaire dans une autosatisfaction exagérée à propos de ce que nous croyons être !

29 janvier

Je veux participer aux peines et aux doutes de l'humanité.
Il n'est pas juste de cultiver des sentiments ou des joies inaccessibles à d'autres.

30 janvier

Je ne peux pas être égoïste quand je regarde le Christ en croix. Le corps du Christ sur la croix au moment de la Passion oblige à dépasser ses limites.

31 janvier

Que chacun de nous, là où il est, devienne un ferment de solidarité !

Lavage de mains avant le repas
au centre de nutrition de Kharya I,
Khartoum, 2008.

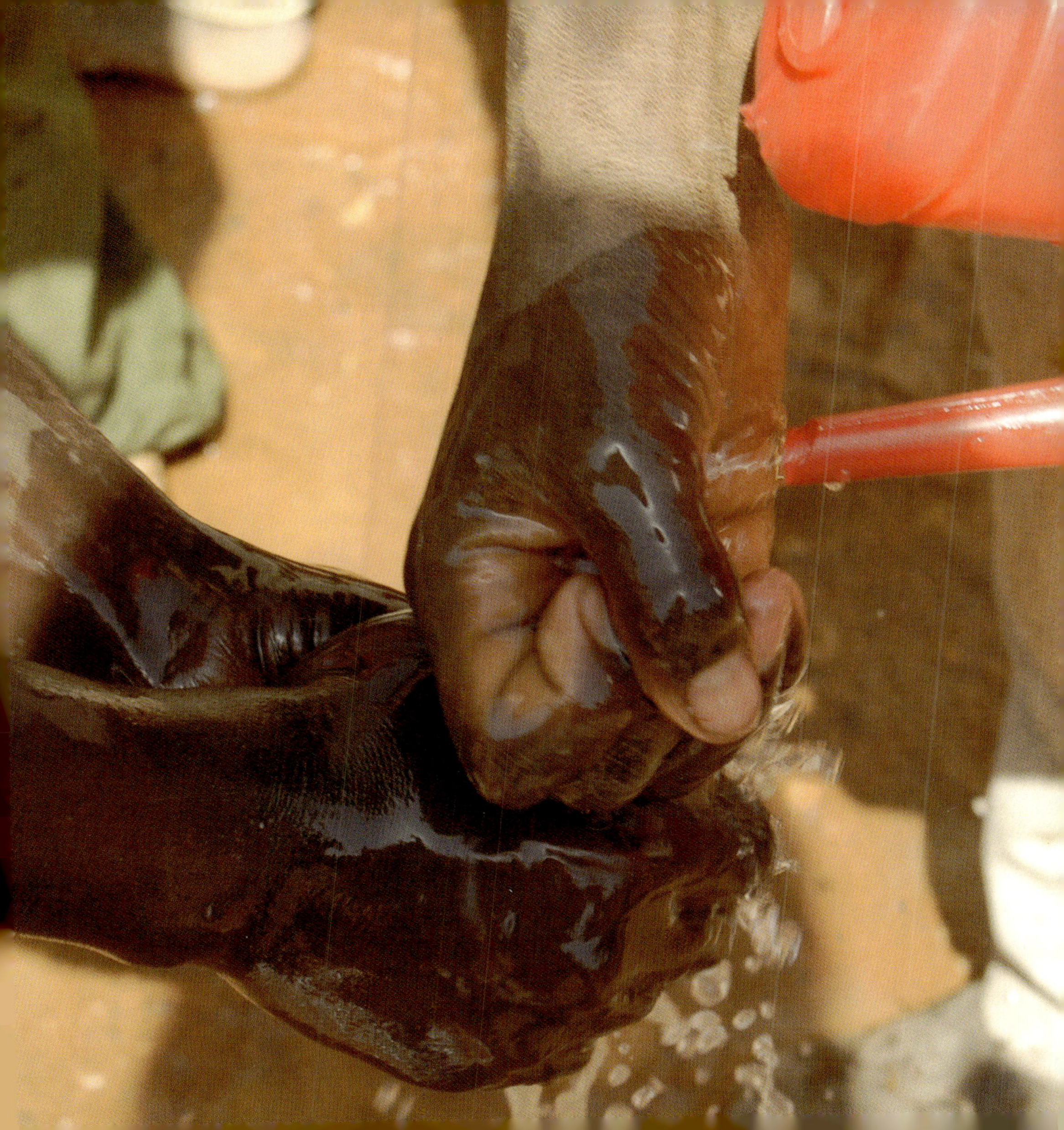

1er février

Le quart de l'humanité vit avec moins d'un dollar par jour.
Les riches, qui ne représentent que 15 % de l'humanité, accaparent 95 % des richesses mondiales.
Derrière les pourcentages que les experts manipulent, il y a des êtres humains qui souffrent. Devant la crise alimentaire qui sévit aux portes de nos pays nantis, saurons-nous combattre pour plus de justice ?

Fruit de la récolte à Gebel Awelia Old Farm,
sud de Khartoum, 2008.

2 février

Je suis une révoltée, je ne peux pas accepter tout ce que je vois.
Le Christ lui-même a été un révolté, quand il a pris des fouets contre les marchands du Temple en s'écriant :
« Vous ne respectez pas la maison de mon Père,
vous en faites une caverne de voleurs ! »

3 février

Pendant la Seconde Guerre mondiale,
la philosophe Simone Weil a préféré offrir aux autres ses tickets d'alimentation plutôt que se nourrir et elle en est morte.
Il est inspirant de voir jusqu'à quelle extrémité peut aller un engagement d'amour authentique.

Anniversaire de Simone Weil, née le 3 février 1909

Une chiffonnière et son enfant, voisins de sœur Sara à Mokattam.

4 février

Au moment où le président de la République devait lui remettre la Légion d'honneur, le père Ceyrac se cacha derrière une colonne, dans le luxueux salon de l'Élysée où se déroulait la cérémonie. Il avait honte de recevoir des honneurs que d'autres, à son sens, méritaient plus que lui.
On rencontre souvent la fausse humilité, mais rarement une si parfaite modestie.

Anniversaire du père Pierre Ceyrac,
né le 4 février 1914, à Meyssac, en Corrèze

6 février

Le poète palestinien Elias a raison de déclarer :
« Je ne suis né ni catholique, ni musulman, ni juif, ni bouddhiste.
Je suis né homme. »
Quand tu es né homme, au fond de ton cœur, il y a l'image sacrée de Dieu qui aime l'homme.

7 février

Le sourire est une éclaircie de l’âme.

8 février

Aimer l’homme ou aimer Dieu est un seul engagement de tout son être.

9 février

Ramadan, mon voisin du bidonville, n'avait d'autre distraction que sa vieille radio fêlée. Mais il l'arrêtait quand je priais. Quelle délicatesse d'âme chez ce jeune musulman pour qui la prière était sacrée !
Nous devons aimer l'autre dans sa relation à Dieu, si différente soit-elle.

10 février

Une jeune chiffonnière m'a confié trente ans après :
« Quand nous nous sommes connues, il n'y avait au bidonville que des enfants et des ordures, des ordures et des enfants ! »
La situation a changé grâce à la formidable puissance de transformation qui naît de l'amour.

Deux enfants chiffonniers dans les ruelles de Mokattam.

11 février

Sur les cinq continents, en haut et en bas de l'échelle sociale, j'ai retrouvé le souffle de Dieu qui ne connaît pas de frontière, de limite ou de religion.

12 février

Chenouda avait 18 ans. À l'aube, il s'en allait ramasser les poubelles. Un jour, il ne s'est pas présenté comme d'habitude, tête baissée. Quand on lui a demandé pourquoi, il a répondu : « Maintenant, nous avons sœur Emmanuelle, notre sœur à nous. » Aidons ceux dont la dignité humaine est injustement bafouée à se redresser pour marcher tête haute.

Felouquier, Assouan, Égypte, 1997.

13 février

La force est en toi.
Crois en toi !

Vue depuis les toits de l'école
de Mokattam, 1999.

14 février

« Seigneur, Toi qui es la vérité,
Donne-nous de rester transparents l'un à l'autre.
Seigneur, Toi qui es le chemin,
Donne-nous d'avancer main dans la main. »

*Fête de saint Valentin,
prière de sœur Emmanuelle
pour les amoureux*

15 février

Bidonville signifie « ville faite de bidons récupérés, aplatis et transformés en tôles ». Cloués sur des montants en bois, ils forment les taudis où vivent les chiffonniers. J'ai passé vingt-deux ans de justice dans les bidonvilles du Caire. Ce furent les plus belles années de ma vie. Dans le dénuement, on se recentre sur l'essentiel et la présence de Dieu devient sensible au cœur.

MICHEL

16 février

La source est en Dieu, pas en l'homme.

17 février

Partout où j'ai pris la parole publiquement,
je me suis efforcée de faire apparaître ce qu'il y a de plus vital,
le souffle divin en l'être humain.

1994. Sœur Sara retrouve sœur Emmanuelle,
depuis un an en retraite en France.

UNE MERVEILLEUSE HISTOIRE D'AMOU
QUI CONTINUE
Vous êtes invités
à y participer !
Elle vous rendra Heureux

18 février

Je prie beaucoup sainte Bernadette pour devenir aussi simple qu'elle. Car, sans rien connaître à la philosophie, elle a trouvé Dieu dans son cœur.
Le Dieu de la révélation est le Dieu sensible au cœur.

Fête de sainte Bernadette Soubirous

19 février

Chez les nantis, le souffle d'amour que Dieu a mis en l'homme est asphyxié par une civilisation qui met au premier plan le matérialisme, le sexe et la violence. Mais il rayonne parmi les plus démunis, où l'on se réjouit de ce que donne la vie. Le bonheur, c'est de développer notre souffle d'amour et de le partager.

Enfants du centre de nutrition de Tawidat,
Khartoum, 2008.

HONDA

21 février

Le savant Jacques Monod, malgré toute sa science, s'est senti un jour très petit devant Mère Teresa.
À une question sur la création du monde, la religieuse lui répondit en effet : « Je ne connais que l'amour et la compassion. »
Quelques mots et un regard de Mère Teresa avaient suffi pour révéler toute la fragilité des édifices de la pensée.

Salle hypostyle de Medinet Abou, temple funéraire de Ramsès III, Louxor.

HONDA

20 février

Pascal a parlé des trois ordres : la matière, l'esprit et le cœur.
Il faut parvenir à dépasser l'ordre de la matière qui n'est pas libérateur, tout comme la pensée et l'intelligence, qui sont bonnes mais limitées.
La plénitude de l'être est révélée dans l'amour.

21 février

Le savant Jacques Monod, malgré toute sa science, s'est senti un jour très petit devant Mère Teresa.
À une question sur la création du monde, la religieuse lui répondit en effet : « Je ne connais que l'amour et la compassion. »
Quelques mots et un regard de Mère Teresa avaient suffi pour révéler toute la fragilité des édifices de la pensée.

Salle hypostyle de Medinet Abou, temple funéraire de Ramsès III, Louxor.

22 février

En approchant du cœur, on passe à un degré de vie supérieur, celui de la communion, la fraternité et la joie.

23 février

Quand nous oublions que nous sommes créés à l'image
et à la ressemblance de Dieu, nous nous massacrons.
Il faut se rappeler que nous sommes enfants de Dieu,
unis dans la vie divine.

IC XC

24 février

Lorsque tout va pour le mieux, il est facile de dire : « J'aime le monde entier ! » Mais dans des circonstances douloureuses, il y a une vraie grandeur à continuer de faire le bien, rendre service et s'oublier.

25 février

Dieu est le sommet de l’amour-don qui a décidé un jour d’entrer dans notre aventure de vie et de mort.

26 février

Le souffle de l'Esprit de Dieu n'a pas besoin d'églises, car il les dépasse. Tel est le message de Vatican II. Entre hommes de bonne volonté, travaillons ensemble, en nous respectant comme des frères et sœurs.

27 février

Le passé est fini, tu ne le vis plus.
L'avenir n'existe pas, tu ne le vis pas encore.
Vivre, c'est savourer le moment présent.

D&G

28 février

Je crois en une autre vie, celle-ci est trop injuste.
Il y aura une autre vie où Dieu essuiera toute larme des yeux des victimes et où les oppresseurs seront jugés.

1er mars

La nature est à l'image de la beauté divine. Saint Jean de la Croix, grand mystique chrétien, a déclaré que Dieu est passé à travers les forêts en y laissant sa trace.

3 mars

Jour après jour, profite de la minute présente pour t'épanouir et épanouir l'autre.

2 mars

Au fil des ans, alors que mes sens déclinent, aide-moi, Seigneur, à trouver ma joie dans la vie des enfants et de tous ceux qui jouissent pleinement de leur corps et de leur âme !

Sœur Emmanuelle, novembre 1998.

3 mars

Jour après jour, profite de la minute présente pour t'épanouir et épanouir l'autre.

4 mars

Quand je passais dans certains quartiers, on me jetait
des pierres, on crachait sur moi, on me lançait des injures.
Les enfants agissaient ainsi, fanatisés.
C'est en aimant et en partageant que l'on fait tomber les préjugés.

L'usine à compost à Mokattam.

5 mars

Des profondeurs où nous sommes enfoncés,
Seigneur, nous crions vers Toi :
Sauve-nous, puisque Tu nous aimes.

6 mars

Il faut aller vers les autres avec l'amour du Christ.

7 mars

La souffrance est un mystère impénétrable.
On se sent abandonné et la vie n'a plus de sens.
Mais après avoir traversé l'insupportable,
on arrive parfois à comprendre que l'épreuve
était le temps de l'amour.

Orphelin recueilli par la Société
Saint-Vincent-de-Paul, Ferdinan Home,
quartier de Mayo, Khartoum, 2008.

8 mars

À partir du moment où une petite fille était troquée contre deux chèvres, un cochon et une carriole, elle n'avait plus le droit de quitter le bidonville. Pour une espérance de vie de trente-quatre ans, elle aurait dix-huit à vingt maternités et la douleur de perdre la moitié de ses enfants.
C'est par l'éducation que l'on fait évoluer la situation des plus démunis.
Si tu éduques une femme, tu éduques un peuple.

Journée mondiale de la Femme

Joie des élèves du jardin d'enfants Rose-Marie à Mokattam.

1-2-3

9 mars

En Dieu, tous les jours, des heures durant, je collecte l'humanité, en commençant par mes proches, puis en rassemblant toutes les personnes en détresse. La prière permet d'unir ceux qui souffrent dans le cœur de Dieu.

Dieu dit : « Qu'il y ait des luminaires au firmament, ... séparer le jour et la nuit. »

10 mars

Au soir de sa vie, il est bon de cueillir par brassées l'amour que l'on a semé au fil des ans.

11 mars

Seigneur je nous confie tous à Toi,
Car je suis sûre de Toi,
Je suis sûre que Tu nous sauves.

12 mars

Notre planète est le lieu d’une inlassable gestation.
À travers joies et souffrances, l’humanité réhabilitée par le Christ, Tout en tous, enfante dans le mystère un monde d’une mélodieuse harmonie.

13 mars

Marthe Robin est devenue une amie de mon grand âge. J'admire cette femme de Dieu car, malgré des souffrances extrêmes et continues, elle parvient à chanter la joie.

Anniversaire de Marthe Robin,
née le 13 mars 1902

14 mars

L'amour est unique, c'est un souffle qui n'est pas composé.

15 mars

Je suis entraînée par une admiration éperdue pour l'amour inconditionnel du Christ. Il nous accepte tels que nous sommes, avec le bien, mais aussi le mal que nous avons fait.

IC XC
JESUIS LA PORTE. QUI ENTRERA PAR
MOI SERA SAUVE; JE SUIS LE BON PASTEUR
LE BON PASTEUR DONNE SA VIE POUR SES BREBIS

16 mars

J'aime regarder les yeux des personnes que je rencontre car j'y vois briller l'étincelle déposée par le Christ en chacun de nous.

Vieille paysanne sur la route de campagne
entre Ménia et Abydos, Égypte,
février 2008.

17 mars

Par la prière, on est renouvelé dans l’amour, la foi et l’espérance.

18 mars

Dans les grands lieux de spiritualité, il passe un souffle extraordinaire, porteur de la joie divine.

Monastère Saint-Paul
(monastère de la mer Rouge),
février 2008.

20 mars

En m'attachant au Christ, toute ma faiblesse humaine se transforme. Je suis pareille à une vilaine petite chenille qui se métamorphose en un papillon merveilleux sous le soleil de Dieu !

Sœur Emmanuelle et Kamal Tadros,
diacre soudanais à qui elle a confié son œuvre
au Soudan.

21 mars

Au bidonville, plus aucun bébé ne vit parmi les détritus.
Autrefois, des nouveau-nés mouraient du tétanos
dans d'atroces souffrances, car le cordon ombilical avait été
coupé avec un couvercle de boîte de conserve rouillé.
Mais ils reçoivent désormais des soins appropriés,
grâce à nos donateurs.
L'œuvre accomplie fraternellement permet d'avancer ensemble
sur un chemin de justice.

Inauguration de la clinique
Princesse Grace, le 21 mars 2002,
dans le bidonville du Mokattam, au Caire

22 mars

Quand je regarde les fleurs, je remercie Dieu, car elles m'ouvrent un chemin de contemplation.

Fleur du jardin botanique d'Assouan,
sur l'île Kitchner.

23 mars

La communion fraternelle et émerveillée avec toute la création révèle la tendresse de Dieu dans les souffles du vent, les nuages, les oiseaux du ciel ou les sourires affectueux de nos proches.

Christina, petite chiffonnière de Mokattam,
2001.

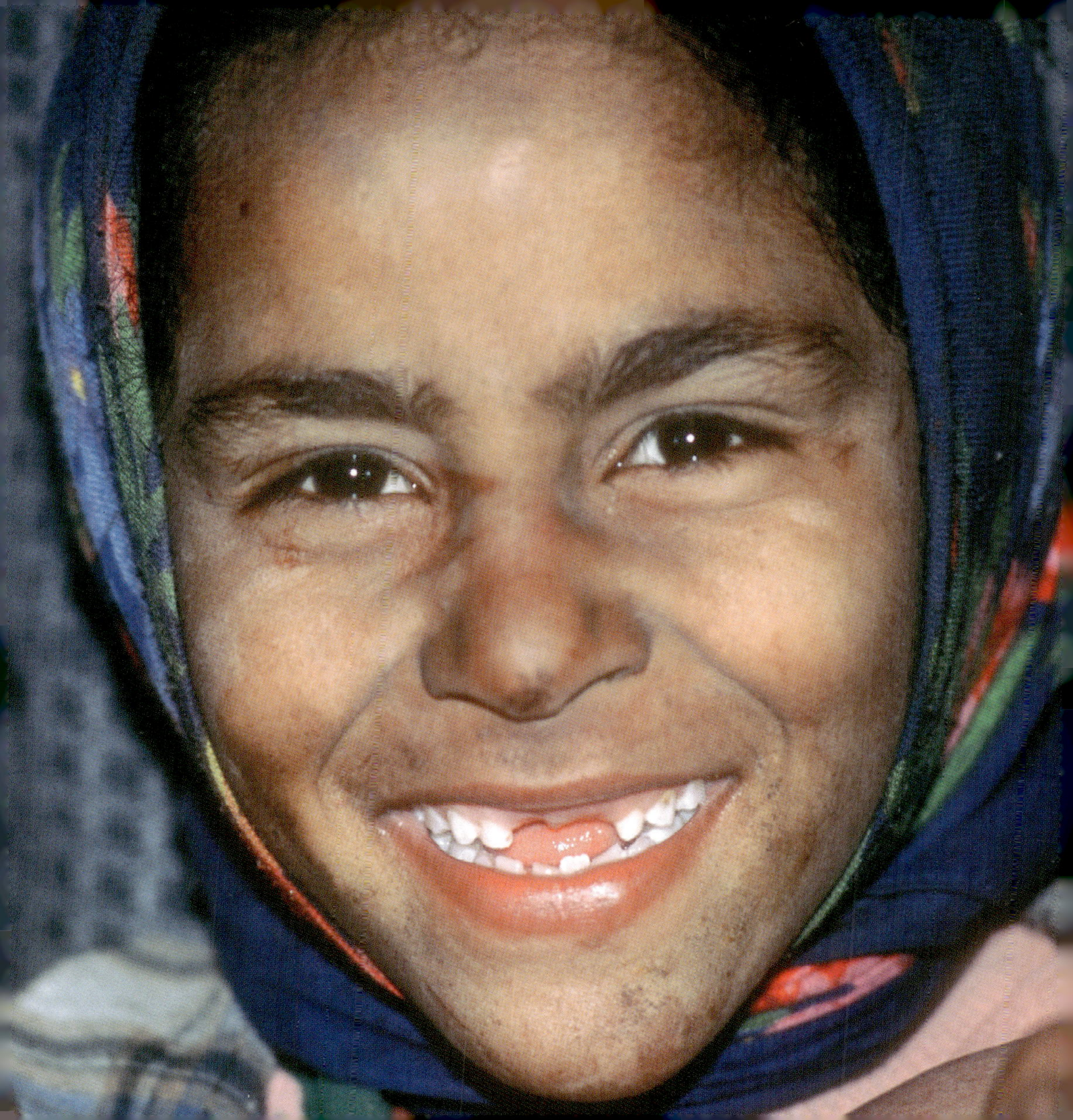

24 mars

À chaque retour du printemps, les arbres se couvrent de feuilles et les oiseaux reviennent les habiter en m'annonçant un secret merveilleux : « Tout comme la douceur succède à la rudesse de l'hiver, les souffrances humaines se transforment un jour en bonheur, joie et paix. »

25 mars

Dieu est offert à chacun de nous et une Annonciation nous est réservée. Sachons faire silence pour reconnaître l'ange qui vient nous visiter et accepter la nouvelle qu'il nous destine.

Iconostase de la chapelle des Filles de Marie à Mokattam.

26 mars

Ton amour peut faire des miracles.

27 mars

La mort est la fin du souffle physique. Mais l'âme ne meurt pas et, dans son secret, le souffle de Dieu continue.

28 mars

L'amour est un feu né de Dieu qui ne peut s'éteindre.

29 mars

Le mal fait partie de la vie. La mousson qui tue, la guerre qui massacre, les enfants qui meurent de faim, ces catastrophes peuvent-elles aboutir à un bien ? J'ose dire oui. Derrière elles, c'est le Christ qui continue d'être violenté et mis en croix. Mais attention ! Il ressuscite le troisième jour pour nous entraîner dans l'éternité. Le dernier mot n'est pas au mal.

Autel dans une église du monastère Saint-Antoine, février 2008.

ⲀⲄⲒⲞⲤ
ⲀⲄⲒⲞⲤ

30 mars

L'arbre que l'on croit mort pendant l'hiver est porteur de la vie, recueillie dans ses racines sous la terre gelée. Quand l'espérance paraît perdue et que la détresse guette, nous pensons vivre un hiver sans fin mais nous sommes seulement trompés par les apparences.

31 mars

Il est merveilleux de se laisser posséder par la folie d'amour que chacun de nous est appelé à vivre.

Enfant du centre de nutrition de Kharya II,
Khartoum, 2008.

1er avril

Lors de la pêche miraculeuse au lac de Tibériade, le Christ remplit les filets de poissons. Il démontre ainsi la puissance divine qui permet à l'homme d'accomplir l'impossible.

Sculpture dans une oasis du désert libyen.

2 avril

La petite fleur Espérance fleurit sur les ordures des bidonvilles, les déserts, les ruines et même la sécheresse du matérialisme qui nous asservit à l'économie de marché.

3 avril

Apprenons à ressentir la puissance de Dieu,
touchant de son doigt notre main faible et molle,
pour lui insuffler un élan d'amour triomphant
comme l'a peint Léonard de Vinci dans la chapelle Sixtine.

4 avril

Ne me parlez pas de politique, je n'y connais rien !
La vie m'a appris qu'il y a des personnes généreuses
et bonnes dans tous les partis, à gauche comme à droite.

Sœur Emmanuelle, novembre 1998.

6 avril

La Vierge, qui n'a jamais désespéré,
nous fait comprendre le Dieu-amour.

Fresque de la cathédrale souterraine
à Mokattam.

7 avril

Dieu avec moi, je peux tout.

8 avril

Quand cesse le souffle physique, il reste le souffle divin immortel.

9 avril

À peine entrée dans la ruelle du bidonville parmi les ordures,
sœur Sara a posé son regard sur les petits chiffonniers.
C'était un regard fasciné, un cœur arraché, un être aspiré.
La force de l'appel de Dieu permet de se donner corps et âme.

Sœur Sara, 1997.

10 avril

J'ai parfois remarqué sur le visage des défunts une expression de sérénité. Quoi de plus terrible que l'agonie ?
Mais une fois le dernier souffle donné, la paix céleste descend sur celui qui a tant souffert.

11 avril

Nuit et jour, je prie pour l'humanité car la Passion du Christ me fait comprendre combien nous sommes solidaires.

12 avril

Certains ne croient pas à la résurrection de la chair,
mais ils croient en une forme de résurrection de leur activité
quand elle est poursuivie par d'autres, notamment leurs enfants.

13 avril

Pâques, comme toutes les grandes fêtes religieuses, apporte un regain de tendresse. La résurrection nous aide à comprendre que notre destin, c'est d'aimer.

14 avril

Dès le premier jour de mon arrivée au bidonville,
devant les petits chiffonniers immergés dans les ordures,
privés d'école et de soins, j'ai cru en la résurrection.
Y croire, c'est lutter pour la faire naître et la voir un jour
émerger dans la lumière !

Vue depuis les toits de l'école
de Mokattam, 1999.

ARIEL
ARIEL

16 avril

Tout ce qui existe est divin, c'est le profond mystère de l'amour.

17 avril

Dieu nous a donné le monde pour faire la fête en partageant les richesses de la terre.

Fête en l'honneur des enfants de Mokattam,
Institution des Chartreux,
Lyon, 2000.

18 avril

Le Paradis c'est les autres quand on sait les rendre heureux d'un bonheur qui rejaillit sur soi.

20 avril

Toute personne, même la plus croyante,
passe par des moments où elle dit avec le Christ :
« Mon Dieu, mon Dieu, pourquoi m'as-tu abandonnée ? »
La douleur ressentie correspond à une illusion
car Dieu n'abandonne jamais celui qui souffre.

19 avril

Nos petits amours imparfaits entrent dans le grand fleuve du Dieu-amour.

Embarcations sur le Nil, fleuve-dieu.

20 avril

Toute personne, même la plus croyante,
passe par des moments où elle dit avec le Christ :
« Mon Dieu, mon Dieu, pourquoi m’as-tu abandonnée ? »
La douleur ressentie correspond à une illusion
car Dieu n’abandonne jamais celui qui souffre.

21 avril

Il y a dans l'univers un prodigieux enfantement qui n'a pas pour but la douleur, mais la vie.

22 avril

Lorsqu'il se produit des catastrophes naturelles, nous crions vers Dieu notre révolte. Mais il faut admettre notre part de responsabilité dans ces événements et prendre soin de la terre qui nous a été donnée en partage.

Journée mondiale de la Terre

24 avril

La mort nous purifie en nous obligeant à tout abandonner, même notre corps.

25 avril

Avec le Christ, notre âme devient cosmique.

26 avril

La résurrection est présente dans nos cœurs.
Prête à éclore, elle fuse au moment de la mort,
pareille à un bourgeon qui s’ouvre.

27 avril

La vie humaine est courte.
Passons-la à nous écouter et nous soutenir.

Jeunes écolières à Mokattam.

28 avril

Il nous est impossible de mourir complètement car ce serait contraire à la semence d'éternité que Dieu a mise en nous.

29 avril

En 1976, sœur Sara vint me rejoindre dans ma cabane du bidonville où, le soir, elle s'enveloppait de chiffons pour dormir car elle avait peur des rats. L'ami Jean la taquinait en lui disant : « Tu es la dernière momie d'Égypte. »
Pourtant nous étions comblées.
Être humain, c'est aimer et, en aimant, partager l'immortalité.

Sœur Sara, Mgr Athanasios, fondateur de l'ordre orthodoxe des Filles de Marie, et sœur Emmanuelle.

30 avril

Il est si simple de vivre en amitié avec tout ce qui est bon sur terre.

1er mai

Le travail sauve l'homme, lui donnant sa dignité devant sa famille, les autres et lui-même.

Journée mondiale du Travail

2 mai

Offre chaque jour ton sourire,
c'est ton merveilleux cadeau d'amour.
Il ne dure qu'un instant mais fait chanter le cœur.

Le Nil, fleuve-dieu.

3 mai

Un regard bienveillant, une main et un cœur tendus
vers l'autre donnent à chaque jour une saveur exaltante.
La vie pétille comme une coupe de champagne !

4 mai

Partout et toujours, cherche le remède qui sème l'espoir !

Le Bard
ENFANTS LIBRES
merci

5 mai

Je me sens aidée par le Seigneur à m'ouvrir davantage pour partager avec les plus déshérités.

Sœur Emmanuelle, la catholique,
et sœur Sara, l'orthodoxe,
unies par le même amour des enfants.

6 mai

Dieu nous a donné la lumière du Christ en nous, avec nous !

Mausolée d'Aga Khan, Assouan.

7 mai

Les chiffonniers m'ont appris l'essentiel : se rendre compte
qu'on n'est pas, qu'on ne sait pas, qu'on n'a pas,
mais qu'il y a Celui qui est, qui sait et qui possède.
Le Christ, lumière née de la lumière, nous illumine.

8 mai

Après avoir récolté des tonnes de coton au prix d'un labeur écrasant, les paysans égyptiens sont dépossédés du fruit de leur travail. Ils ont à peine de quoi s'acheter une chemise. Une prise de conscience est nécessaire pour réparer le déséquilibre criant des échanges Nord-Sud.

Journée mondiale du Commerce équitable

Métiers à tisser dans une fabrique de tapis de l'oasis de Dakhla.

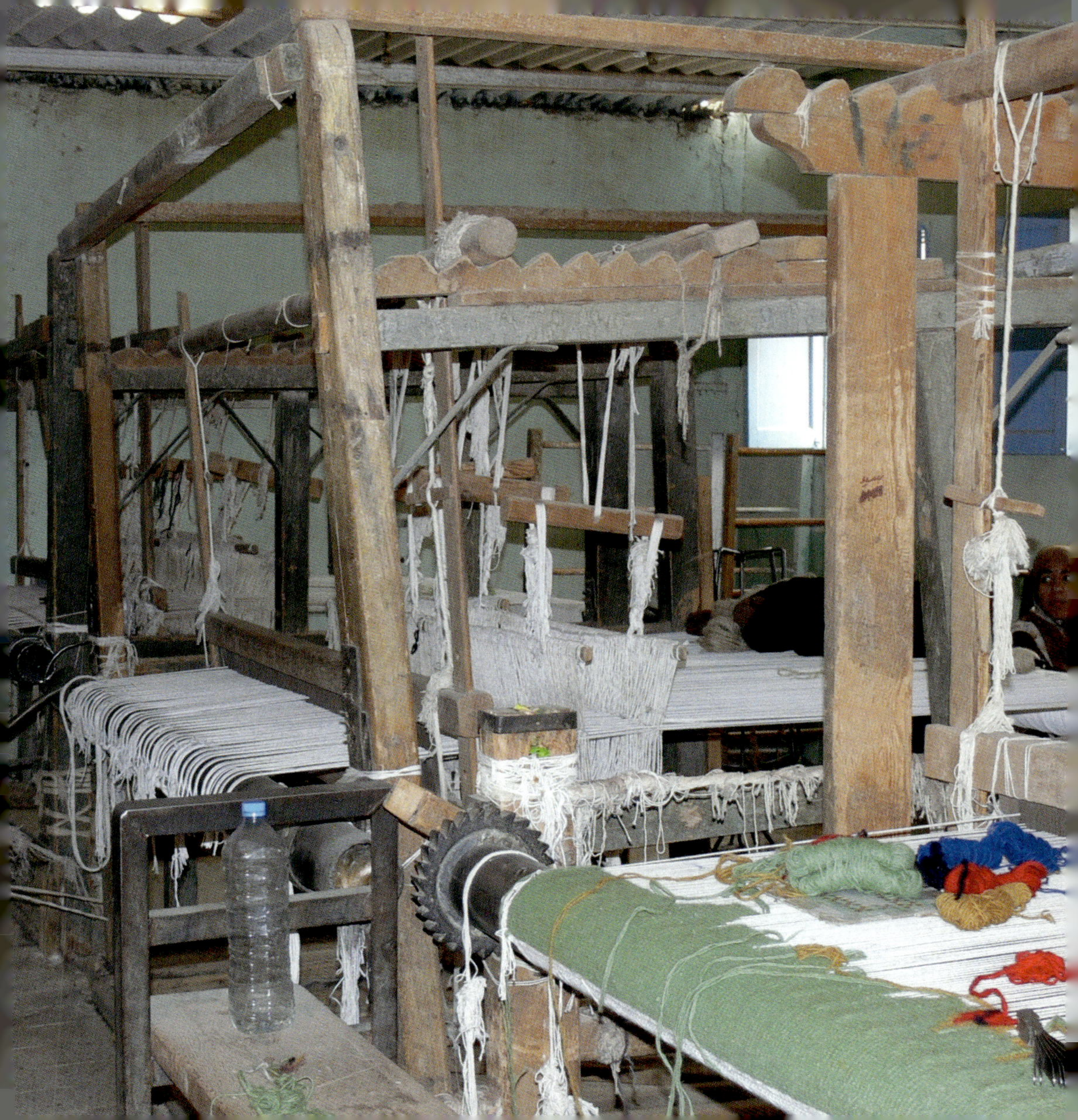

9 mai

Il est des heures où, le cœur lourd et blessé,
je me sens oppressée. Alors que faire, Seigneur ?
Sinon écouter la parole de ton Fils : « Venez à moi,
vous qui ployez sous le fardeau ! Je vous soulagerai. »

L'école de Mokattam. En 1982,
25 élèves font leur entrée.

10 mai

Qu'importent les difficultés, c'est de la poussière !
L'essentiel, c'est l'amour qui nous fait entrer dans l'éternité.

11 mai

Il y a sur terre une densité d’amour extraordinaire.

Une chiffonnière de Mokattam, 1997.

12 mai

La folie d'amour vient du Christ, c'est lui qui fait couler l'amour dans nos cœurs. « Ceux qui croient en moi seront comme des fleuves d'eau vive », promet Jésus.

13 mai

Je dégringole facilement mais, peu importe, je me raccroche
à la Vierge.
Parfois de manière pénible, je suis relancée hors de moi-même
et de mes limites.
Quelle joie de reprendre son vol vers Dieu et ses frères humains !

14 mai

Toute vie baigne dans la tendresse de Dieu,
quelles que soient les souffrances ou les injustices subies.

15 mai

Quand on s'acharne main dans la main,
on sort toujours victorieux !

Dans une *rakouba*, « école de roseaux »,
en avril 1994, au Soudan.

16 mai

Un jour, le corps physique se décompose dans la maladie, puis la mort et on le met en terre. C'est la fin de ces yeux qui ont regardé, ces mains qui ont touché, ces pieds qui ont marché vers l'être aimé. Mais un sentiment d'amour qui a dépassé la chair et le corps ne meurt pas.

17 mai

La sainteté consiste à laisser le Seigneur agir en nous, dans notre misère et notre impuissance.

La cathédrale souterraine
près du camp de Mokattam.

18 mai

« Seigneur, nous Te confions notre amour
pour qu'il ne meure jamais.
Fais que sa source soit en Toi,
pour que nous cherchions à aimer
plus qu'à être aimé, à donner plus qu'à recevoir. »

Prière de sœur Emmanuelle
pour de jeunes mariés

19 mai

Vivre, c'est se lancer en avant, risquer, courir, tomber, se relever.

20 mai

La justice est l'expression d'un amour impartial de tous les êtres. C'est l'inverse des situations de la vie où les uns sont privilégiés au détriment des autres. Je crois au combat pour la justice.

Photos prises en mai 1974
lors de la première rencontre
de sœur Emmanuelle et Jean Sage.

DES ENFANTS
FORCES AU TRAVAIL

21 mai

Lorsque Jésus réunit ses disciples pour la dernière fois,
avant de monter au ciel, il leur fait cette promesse :
« Je resterai avec vous jusqu'à la fin du monde. »
J'ai la certitude que nous ne sommes pas seuls.
Quand nous nous battons pour le bien et la justice,
c'est avec le Christ.

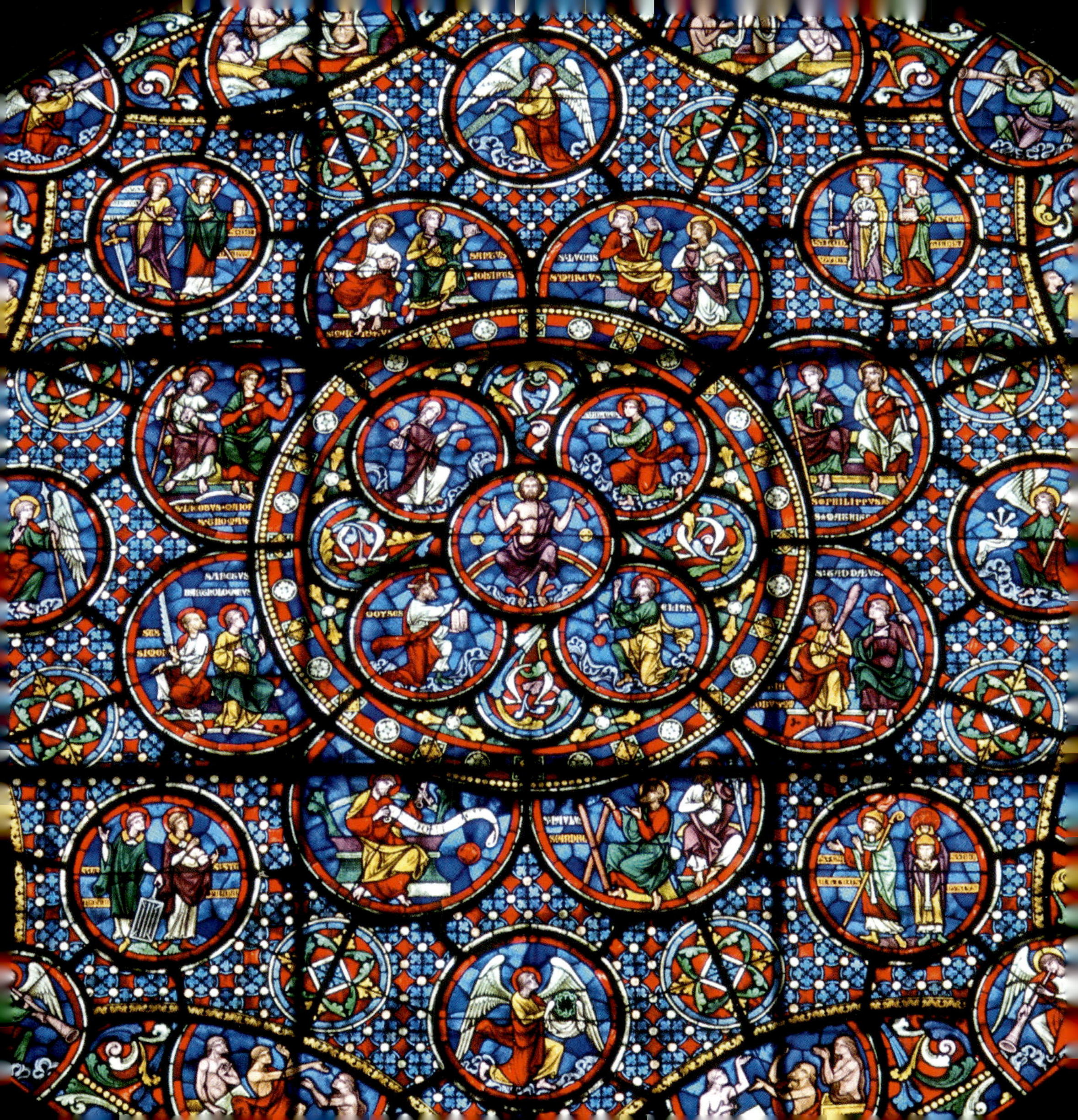

22 mai

Dans ma jeunesse, j'étais comme ligotée par des satisfactions passagères. Mon cœur n'était pas comblé car les plaisirs s'évanouissent sitôt qu'on y a goûtés. C'est dans ce tourbillon que j'ai décidé d'entrer dans la vie religieuse.
Il faut devenir libre pour aimer.

Prise de vœux de sœur Emmanuelle
le 22 mai 1931

Sœur Emmanuelle, novembre 1998.

23 mai

Nous avons dans le cœur des possibilités d’aimer incommensurables !

24 mai

Un escargot, immobilisé sur un mur chauffé par le soleil,
m'a dit un jour son secret : « Il faut se coller au Seigneur
et rester attaché à Lui, comme à la pierre qui tient tout l'édifice ! »

25 mai

Faisons de notre vie un chant d'amour et d'allégresse !

26 mai

Il est très difficile de ne pas s’attarder sur son petit nombril et il faut combattre les pulsions égocentriques de l’amour de soi, à toute heure du jour et de la nuit. On évitera ainsi d’écraser les autres pour accumuler encore plus d’argent et de satisfactions.

27 mai

Je me sens responsable d'offrir à Dieu tous ceux qui vivent d'amour, qu'ils connaissent ou non Jésus-Christ.
Aspirer tout l'amour qui est sur terre, c'est merveilleux !

28 mai

La source est un magnifique symbole. La relation avec Dieu est une relation de source, l'eau vive d'un amour jaillissant que l'on puise en Dieu pour le déverser sur les autres.

29 mai

Au fur et à mesure que les années passent, on s'abandonne à l'amour de Dieu et il en résulte une grande suavité. La vie perd ses aspérités, les événements ne sont plus aussi dramatiques car on leur accorde moins d'importance.

25

30 mai

Les femmes sont plus sensibles au plan spirituel
et on en rencontre une majorité dans les lieux de culte.
Elles ont un désir d'absolu qui les hante davantage
que les hommes, accaparés par les questions matérielles.

31 mai

La Pentecôte est la fête de l'Esprit d'amour
qui descend sur terre.

SAINTE
TRINITÉ

1er juin

Partager la pauvreté, c’est apprendre à aimer,
ce qui nous ramène à la source de la prière.

2 juin

L’homme le plus riche du monde est un pauvre au regard de Dieu.

3 juin

Thérèse de l'Enfant-Jésus dit que ramasser une épingle, ce n'est rien. Mais si ce geste est fait avec amour pour qu'un autre ne se pique pas, il nous unit au Christ et prend ainsi une valeur infinie.

4 juin

Nous sommes tous des orgueilleux car nous nous croyons supérieurs pour telle ou telle raison. Il faut arriver à faire le vide de son amour-propre et c'est un travail à recommencer sans cesse, même un quart d'heure avant la mort !

Sœur Emmanuelle, novembre 1998.

5 juin

J'aime me représenter l'esprit de Dieu comme une brise légère.
Sa fraîcheur apaise la brûlure de nos émotions et de nos passions.

Le lac Nasser, au sud de l'Égypte.

6 juin

Ce que je préfère, c'est peut-être le regard des grands-parents posé sur leurs petits-enfants. Il exprime le bonheur de voir la vie transmise de génération en génération.

7 juin

Si l'on se penchait plus sur les problèmes de son prochain, l'humanité qui hurle dans la violence, la mort et le sang retrouverait le chemin d'un monde renouvelé.

8 juin

Si nous ne sommes pas aveugles à la pauvreté, nous ignorons d’autres formes de souffrance. Chez les personnes que nous côtoyons, il y a parfois un malheur très profond qui ne nous intéresse pas.

9 juin

« Que les jours de joie ne nous enlisent pas dans l'indifférence au reste du monde !
Que les jours de peine, au lieu de nous désemparer, cimentent notre amour ! »

Prière de sœur Emmanuelle
pour de jeunes mariés

Dans les *Baby Feeding* d'Opération Orange, les grands frères et sœurs s'occupent des plus petits.

10 juin

L'orgueil nous fait fuir ou mépriser les situations de précarité. Sachons, au contraire, appeler la tendresse du Seigneur devant chaque personne en détresse !

Intérieur de l'église Abou Serga (saint Serge), dans le vieux Caire.

Flash

11 juin

Le secret d’une vie heureuse, à travers des circonstances parfois tragiques, consiste à partager avec celui qui souffre plus que soi.

12 juin

Chaque action accomplie pour le bien des autres,
un sourire donné du fond du cœur ou une attitude chaleureuse,
laissent une empreinte immortelle.

Sœur Sara au centre de nutrition de Gebel,
Khartoum, 2008.

13 juin

« Cueillez dès aujourd'hui les roses de la vie ! » préconise le poète Pierre de Ronsard.
Il faut savoir goûter la saveur irremplaçable de chaque instant, même dans ce qu'il nous apporte de moins bon.

14 juin

Certains trouvent leur source auprès de leurs enfants,
ce qui est très beau car de l'enfant,
on remonte à Dieu.

Develop

16 juin

L'être humain qui pose un acte bon, qu'il soit bouddhiste, musulman, juif, athée ou chrétien, est un enfant de Dieu. Il entre, lui aussi, dans ce grand fleuve d'amour divin.

16 juin

L'être humain qui pose un acte bon, qu'il soit bouddhiste, musulman, juif, athée ou chrétien, est un enfant de Dieu. Il entre, lui aussi, dans ce grand fleuve d'amour divin.

17 juin

La vie est belle à travers tout car, finalement,
le bien sort vainqueur de la lutte contre le mal.

18 juin

Cent ans représentent beaucoup à l'échelle d'une vie humaine.
Mais Dieu nous offre infiniment plus ! Il nous a réservé
une éternité d'amour.

19 juin

Aung San Suu Kyi a défié la junte sanguinaire qui terrorise la Birmanie. Elle est aujourd'hui prisonnière de conscience en résidence surveillée mais, je n'en doute pas, l'esprit de paix qu'elle incarne finira par triompher.

Anniversaire d'Aung San Suu Kyi, prix Nobel de la paix, née le 19 juin 1945, à Rangoon, en Birmanie

الطفولة والسلام

20 juin

Dieu seul nous comble au-delà des satisfactions terrestres.

ST PIERRE
ST PAUL
ST ANDRE
ST THOMAS
RECEVEZ L'ESPRIT SAINT
ROI DU CIEL CONSOLATEUR ESPRIT DE VERITE TOI QUI ES PARTOUT PRESENT ET QUI REMPLIS TOUT

22 juin

J'ai donné mon vieux corps à la science mais, à mon âge, on ne pourra plus prélever que la cornée. C'est une joie de penser que je pourrai encore aider quelqu'un de manière ultime.
La vie triomphe de la mort grâce au don d'organes.

Journée nationale de Réflexion sur le don d'organes et la greffe

Ramsès III reçu par Amon Ré pour entrer dans la Vraie Vie, temple de Medinet Abou.

23 juin

Je voudrais libérer nos jeunes de tout ce qui les accable : chômage, sida, scandales financiers ou promesses non tenues, afin qu'ils retrouvent un idéal et comprennent que la vie vaut la peine d'être vécue. Voilà pourquoi, avec Zinedine Zidane, j'ai créé la bande dessinée *Champions de vie*.

Anniversaire de Zinedine Zidane, né le 23 juin 1972

24 juin

Seul le silence permet d'entendre l'appel de l'invisible.

25 juin

La vraie richesse reste cachée aux yeux du monde.

26 juin

Rendre l'autre heureux apporte une joie profonde qui enchante l'âme.

Hannah Garde (fille de Sylvie, organisatrice de voyages pour Opération Orange) et de jeunes tisserandes dans une fabrique de tapis de l'oasis de Dakhla.

27 juin

Regarder la Vierge, si libérée des convoitises terrestres, c'est se libérer ; la voir penchée vers les détresses humaines, c'est s'humaniser ; la contempler sereine dans la douleur, c'est apaiser sa propre révolte et devenir meilleur.

28 juin

Mohammed Yunus a démontré que la pauvreté n'est pas une fatalité et qu'elle peut être éradiquée si l'on s'en donne les moyens. J'admire son engagement sur le terrain alors qu'il aurait pu se contenter d'une chaire d'économiste à l'université. Auprès des plus démunis, il a imaginé le micro-crédit qui aide aujourd'hui trois cents millions de personnes dans le monde et que nous avons appliqué avec succès dans nos bidonvilles.

Anniversaire de Mohammed Yunus,
prix Nobel de la paix, né le 28 juin 1940,
à Chittagong, au Bangladesh

Préparation d'un repas dans le désert.

29 juin

Jean-Paul Sartre a écrit : « L'Enfer, c'est les autres. »
J'affirme : « Le Paradis, c'est les autres. »
Car la vie est merveilleuse quand on aime.

30 juin

Labib m'ouvre une cabane à chèvres :
« C'est parfait. Il y a assez de place pour un lit,
un prie-Dieu et une table. »
Ainsi commença la plus belle histoire de ma vie
auprès des chiffonniers.
La simplicité est un chemin de vérité qui nous sauve.

Installation de sœur Emmanuelle au bidonville du Mokattam, le 30 juin 1971

Sœur Emmanuelle se ressource à la lecture de la Bible dans sa cabane de 2 mètres sur 1,70 m.

1er juillet

Les yeux d'un enfant voient l'invisible, car sa prière dépasse les contingences terrestres et atteint le paradis perdu où l'homme, avant sa chute, parlait à Dieu.

Enfant du centre de nutrition de Tawidat,
Khartoum, 2008.

2 juillet

Le cœur est l’essence, l’origine, la dimension divine de l’être humain.

3 juillet

Ce n'était pas mon choix de quitter le bidonville
mais je me suis pliée à mes supérieures
car j'appartiens à l'ordre semi-contemplatif de Sion.
Je n'ai jamais regretté cette décision
qui m'a permis de m'immerger dans la prière.
Prier est une autre façon d'agir et de servir.

*Le 3 juillet 1993, à l'âge de quatre-vingt-cinq ans,
sœur Emmanuelle quitte le bidonville du Caire,
sur ordre de ses supérieures*

Sœur Sara, sœur Emmanuelle et « l'ami Jean ».

4 juillet

Lorsque nous laissons tomber la croûte d'orgueil
qui nous endurcit, notre cœur se tourne spontanément
vers Dieu et reçoit de lui sa tendresse.

5 juillet

Le sentiment de compassion est la porte du dépassement de soi.

6 juillet

Certains hommes sont des lumières pour les autres.
Le Dalaï-lama porte, tel un flambeau, l'espoir du monde
en incarnant les valeurs de paix, de bonté et de justice.
Je prie pour lui et la liberté de son peuple.

Anniversaire du Dalaï-lama,
prix Nobel de la paix, né le 6 juillet 1935,
à Takster, au Tibet oriental

7 juillet

L'Église d'aujourd'hui exhorte l'humanité à une communion fraternelle, au-delà des divergences religieuses, nationales ou culturelles. Le pape est en cela proche du Dalaï-lama qui partage avec lui cette vision d'ouverture et de tolérance. L'homme se rapproche de l'homme.

8 juillet

Quand je manque de courage ou d'amour, je me tourne vers le Seigneur : « Puisque Tu m'aimes, remets-moi debout, prends-moi par la main ! » Le Christ est venu de l'au-delà pour nous sortir de notre misère.

IC XC
Ο ω Ν

9 juillet

Malheureusement, nous, les humains, croyons que seul le monde visible est digne d'intérêt.

10 juillet

Toute vocation, quand elle est vraie, correspond à l'être profond et se vit dans la joie.

AG de l'Opération Orange en mai 2004 :
Jean-Claude Hallier (ancien membre),
Claude Laupie (secrétaire adjoint et
responsable du site Internet), sœur Emmanuelle
et sœur Sara ; à l'arrière-plan, Mourad Sedky.

11 juillet

Notre cœur appartient à la terre et au ciel,
il est déchiré entre les deux.

12 juillet

Ce que nous appelons « l'autre monde » est le monde de la simplicité de Dieu. Nous le trouvons difficilement parce que nous ne sommes pas simples.

14 juillet

Ce serait merveilleux si chacun, en France, défendait les principes inscrits au fronton de nos mairies : « Liberté, Égalité, Fraternité. »

Fête en l'honneur des enfants de Mokattam, Institution des Chartreux, Lyon, 2000.

15 juillet

La sagesse qui fait la satisfaction du monde d'ici-bas est complètement insuffisante. Elle croit parfois monter jusqu'au ciel mais retombe toujours sur terre.

ER IOHS
LEUITA
BATISTA

16 juillet

Nous sommes éblouis par les apparences et ne saisissons que l'écume des choses. Le privilège de ma centième année est qu'il m'est enfin donné d'approcher l'essentiel.

17 juillet

Se plonger en Dieu, c'est laisser tomber tout ce qui est petit, mauvais, faux, mesquin, étroit, méchant pour s'attacher à tout ce qui est bien, bon et vrai.

18 juillet

J'ai une profonde admiration pour Nelson Mandela.
Symbole d'une résistance obstinée, il réussit à mobiliser l'opinion internationale depuis la cellule où il fut incarcéré vingt-huit ans.
Son esprit de justice a triomphé et, une fois président du pays qui l'avait condamné, il a fait reconnaître l'apartheid comme crime contre l'humanité.

Anniversaire de Nelson Mandela,
prix Nobel de la paix, né le 18 juillet 1918,
à Mvezo, en Afrique du Sud

19 juillet

L'éternité est la dimension de l'amour qui ne peut pas mourir.
Est-ce que l'on peut seulement imaginer un tel amour ?

Dans l'allée des sphinx-béliers devant le temple
de Karnak, Égypte.

20 juillet

Il se trouve au fond du cœur humain une immense aspiration de tendresse.

Enfant du centre de nutrition de Kharya I,
Khartoum, 2008.

21 juillet

Au bout de l'humanité, il n'y a pas l'homme mais la résurrection qui est un passage vers Dieu.

22 juillet

Les personnes données aux autres se rapprochent du Christ car sa vie entière est traversée par le don de son amour.

VENEZ À MOI
VOUS TOUS QUI
PEINEZ ET PLOYEZ
SOUS LE FARDEAU
ET JE VOUS DON
NERAI LE REPOS
CAR JE SUIS
DOUX ET HUMBLE
DE COEUR ET
VOUS TROUVEREZ
SOULAGEMENT
POUR VOS ÂMES

23 juillet

Le chemin de l'intelligence du cœur conduit au bonheur.

24 juillet

Le royaume de Dieu en nous correspond à la paix de l'âme.

26 juillet

Le ciel, dans son immensité et sa beauté, est le symbole de Dieu.

27 juillet

Comme Antigone, « je suis faite pour aimer ». Parce que je vis dans l'amour tout le temps, je suis la plus comblée des femmes.

28 juillet

L'amour vole, l'amour court, l'amour chante. Il donne des ailes.

29 juillet

Je me réjouis de tout ce qui m'est donné, sans regretter ce que je n'ai pas reçu.

30 juillet

Au bidonville, j'ai vécu la solidarité.
Quand on a peu, on donne tout.
L'esprit de partage est la vraie richesse.

Dans un *Baby Feeding* d'Opération Orange.

31 juillet

J'aime dire à mes amis athées : « Tu ne crois pas en Dieu, mais Dieu croit en toi, car ce que tu fais de bon est à Son image. »

1er août

Marie est la mère merveilleuse que le Fils de Dieu a choisie pour s'incarner parmi nous.

IC XC

2 août

Je vis avec la Vierge, du matin au soir.
Avec elle, je vais vers le Christ.
Avec le Christ, je vais vers le Père dans l'amour de l'Esprit.
Tout cela ne se divise pas.

3 août

Quand l'amour entre en lice, il donne à l'agir une force indomptable.

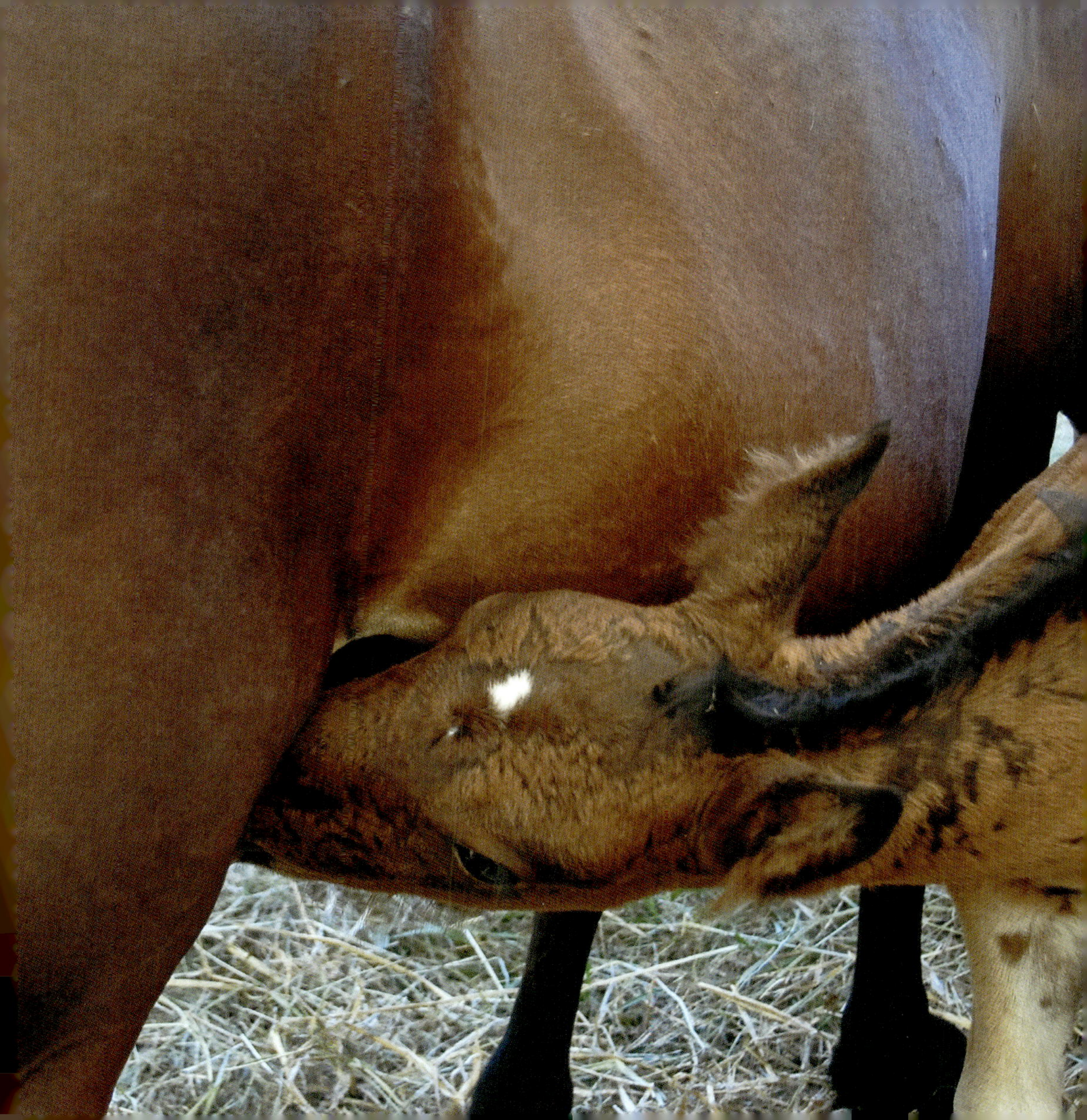

4 août

Comme un corps de femme possède la puissance de mettre au monde la chair de sa chair, un cœur de femme peut également laisser jaillir de son être un torrent d'amour, créateur de vie.

5 août

L'Abbé Pierre a souvent un visage de la douleur.
Plongée dans les souffrances du monde,
sa prière acquiert une puissance impressionnante.
Comme lui, sachons prendre dans notre cœur la peine de l'autre.

Anniversaire de l'Abbé Pierre,
né le 5 août 1912, à Lyon

6 août

Le bonheur est l'harmonie avec Dieu, soi-même et les autres.
Ces trois composantes sont indispensables.

7 août

La Vierge a toujours été la source de joie qui m'a donné la force de me battre contre les obstacles de l'existence.
Parmi les pauvres de cœur qui me liront, l'un ou l'autre trouvera sa lumière dans la dévotion à Marie.

8 août

Il n'est pas de jour où nous n'entendions un lugubre récit de violence, de massacre, de pédophilie ou de drogue dont les victimes sont souvent des enfants sans défense.
On se sent impuissant mais il faut savoir prendre dans sa prière « ceux qui meurent et ceux qui font mourir, ceux qui souffrent et ceux qui font souffrir ».

10 août

Vierge pleine de grâce, Vierge du sourire,
restaure en moi la divine douceur.
Apprends-moi à guérir ceux que j'ai blessés,
que Ta tendresse fasse surgir sur mes lèvres
les paroles d'amour qui rétablissent la paix.

11 août

Sans tendresse, rien n'est possible, ni le couple, ni l'éducation des enfants, ni la relation à Dieu.

12 août

Dans un magnifique tableau de Rembrandt, un philosophe est assis. Derrière lui, un escalier se profile dans l'ombre. Sa spirale indique le mouvement interminable de la pensée. La philosophie tente de descendre au plus profond de l'esprit, sans jamais aboutir.

13 août

Je n'ai pas oublié ma première visite au bidonville du Caire :
des millions de mouches, de gros rats dont les chats
avaient peur, des chiens sauvages et des cochons noirs.
Ni eau, ni électricité, ni médecins, ni infirmières, ni écoles.
Rien. Mais de nombreux enfants démunis. Mon cœur a chaviré
et j'ai compris que le Christ m'appelait.
Dans la mesure où l'on répond à l'appel de Dieu,
on est habité par une force qui rend possible l'impossible.

Vue depuis les toits de l'école de Mokattam,
1999.

14 août

Quand Ève paraît devant Adam, au premier regard, il est subjugué. La femme est infiniment belle et Adam remercie Dieu. Il est bon de savoir revenir à la pureté originelle de ce premier regard.

16 août

On dit *les* joies, car elles se succèdent et sont différentes, nous laissant sur notre faim. Mais on dit *le* bonheur, un état qui dure et donne un sentiment de plénitude.

17 août

Le plus important sur terre, c'est de déployer toutes les ressources que nous avons reçues pour vivre au maximum en créant du bonheur.

Claude Laupie et sœur Sara.

18 août

En nous abandonnant au Christ, nous recevons une force physique et morale intense.

19 août

Je prie de toutes mes forces pour l'humanité.
Puisse-t-elle porter sa souffrance, chemin de résurrection !

Sœur Emmanuelle, novembre 1998.

20 août

J'ai étudié toutes les religions du monde. Mais Pascal m'a fait comprendre que Dieu se trouve dans la simplicité du cœur.

21 août

« Seigneur, Toi qui nous a donné Marie, Ta Mère,
Elle qui fut toujours fidèle, forte et tendre,
Qu'elle soit la gardienne de notre famille !
Que Sa fidélité, Sa force et Sa tendresse nous gardent fidèles,
forts et tendres à jamais ! »

Prière de sœur Emmanuelle
pour de jeunes mariés

MP
ΘV

23 août

Il n'y a pas d'homme sur terre, même le pire des criminels, qui ne puisse recevoir le baiser du Christ, s'il demande pardon.

24 août

Nous ne le savons pas, mais nous sommes plongés nuit et jour dans un amour immense.

25 août

L'humilité se cultive en réalisant que l'on est peu de chose devant Dieu. La modestie consiste à extérioriser ce sentiment en évitant de se faire valoir aux yeux des autres.

26 août

Mère Teresa est traversée de Dieu, malgré les doutes déchirants dont elle a souffert. Sa foi n'a eu aucune consolation pendant des années, sort que Dieu réserve souvent aux grands mystiques qui sont appelés à devenir des sources pour les autres.

Anniversaire de Mère Teresa,
prix Nobel de la paix, née le 26 août 1910,
à Skopje, en Albanie

27 août

Suivons notre cœur et cela ensoleillera notre vie.

28 août

Dans la boue de notre planète, il existe une femme d'une blancheur éblouissante. Mohammed, le fondateur de l'islam, affirme qu'à sa naissance, les anges ont fait cercle autour de Marie pour que le mal ne puisse l'approcher.

29 août

Dans ma cabane du bidonville, les cochons étaient mes amis.
Combien de fois ai-je marché sur leurs pattes, la nuit !
Jamais ils ne m'ont fait de mal en retour. Bel exemple de patience !
Dans les choses les plus simples, il y a des leçons de vie.

Vue depuis les toits de l'école de Mokattam,
1999.

30 août

Quand j'entendais un détenu parler de son enfance perdue et de sa vie manquée, je lui disais doucement :
« À ta place, je n'aurais pas fait mieux. Prions ensemble. »
Et que de fois j'ai vu une larme couler !
Selon Pascal, tout ce qu'un homme a pu faire en grandeur ou en misère, un autre peut le faire aussi.

31 août

Le regard du Christ posé sur chacun de nous est un soulagement extraordinaire. Si seulement nous savions vivre dans la bonté de ce regard !

1er septembre

Le monde de Dieu est amour, lumière, joie et bonheur.

2 septembre

La vie en vaut la peine, c'est un long fleuve d'amour.

Louxor, au coucher du soleil.
Des felouquiers plient et attachent
leurs voiles.

3 septembre

La fraternité est un intérêt sincère et profond que l'on porte aux autres, rien de ce qui leur arrive ne nous est indifférent.

4 septembre

Nous ne l'acceptons pas, mais la souffrance est la porte de l'accomplissement de soi. Elle nous aide à mieux comprendre les autres, qui souffrent aussi, en développant la compassion.

Vue du Caire depuis la mosquée d'Ibn Touloun, 1997.

5 septembre

J’ai laissé Dieu m’emporter quand j’ai renoncé
à tous les divertissements qui ne menaient à rien
pour choisir l’absolu.

Dans le temple de Karnak, l’obélisque
de la reine Hatchepsout,
trait d’union entre la terre et le ciel.

6 septembre

La femme occidentale n’est pas vraiment libérée mais elle a compris que les injustices de sa condition ne sont pas une fatalité.
La lutte solidaire lui a ouvert un chemin d’émancipation.

7 septembre

La douleur qui étreint le cœur humain prépare le passage à la lumière.

8 septembre

Une vie d'analphabète implique de rester à la merci des autres.
La priorité des priorités, c'est l'école.

Les petits du jardin d'enfants Rose-Marie
de Mokattam.

Journée internationale de l'Alphabétisation

9
septembre

À travers des souffrances parfois terribles, l'humanité avancerait-elle vers la paix et le bonheur ?

Habitations et ruelle à Mokattam,
vue du toit de la clinique.

10 septembre

Sept jeunes se suicident chaque jour en France.
La cause ne serait-elle pas que la vie est devenue absurde dans notre monde où l'on oublie de partager avec ceux qui souffrent ?

Journée mondiale de Prévention du suicide

11 septembre

Dieu agit à la manière divine. Il ne va pas aider Ben Laden contre Bush, ni Bush contre Ben Laden. Prions pour que l'un et l'autre comprennent un jour que la mort ne fait pas la vie.

Les attentats du 11 septembre 2001, à New York, coûtèrent la vie à 3 000 personnes

Maison-cellule de la vieille ville de Kharka, Égypte.

12 septembre

Si tu as permis le bonheur des autres, tu as posé des actes d'amour qui ne mourront jamais.

CITIZEN

13 septembre

Aide-moi, Seigneur, à trouver de plus en plus ma joie en Toi, source de mon espérance !

14 septembre

À presque cent ans, le passage du temps, je le vis dans ma chair.
Tandis que mon corps s'affaiblit, je découvre
que la douceur d'aimer perdure. Le temps ne peut pas me l'enlever.
Tel est le secret merveilleux du grand âge.

Sœur Emmanuelle, novembre 1998.

15 septembre

L'homme doit passer par la mort, moment terrible mais nécessaire, pour entrer dans la tendresse de Dieu.

16 septembre

La beauté terrestre est un reflet du divin.

St. THOMAS
LOWER PRIMARY SCHOOL
PALAYOOR

17 septembre

Ma rose est née loin des quartiers chics, en toute simplicité, dans un jardin parfumé de bonté. Ma rose chante, pour ceux qui savent l'entendre, le partage d'une éternité d'amour.

Création de la rose « Sœur Emmanuelle® delamo », le 17 septembre 2004, dans la cité du Maroc à Paris

18 septembre

La simplicité ne rajoute rien ni ne supprime rien.
Elle montre la vie dans sa réalité qui est sa vraie beauté.

19 septembre

Je me réjouis chaque fois que je vois un enfant dans les bras de sa mère. Il y a tellement de joie dans le regard de la mère et tellement de confiance dans les yeux de l'enfant !

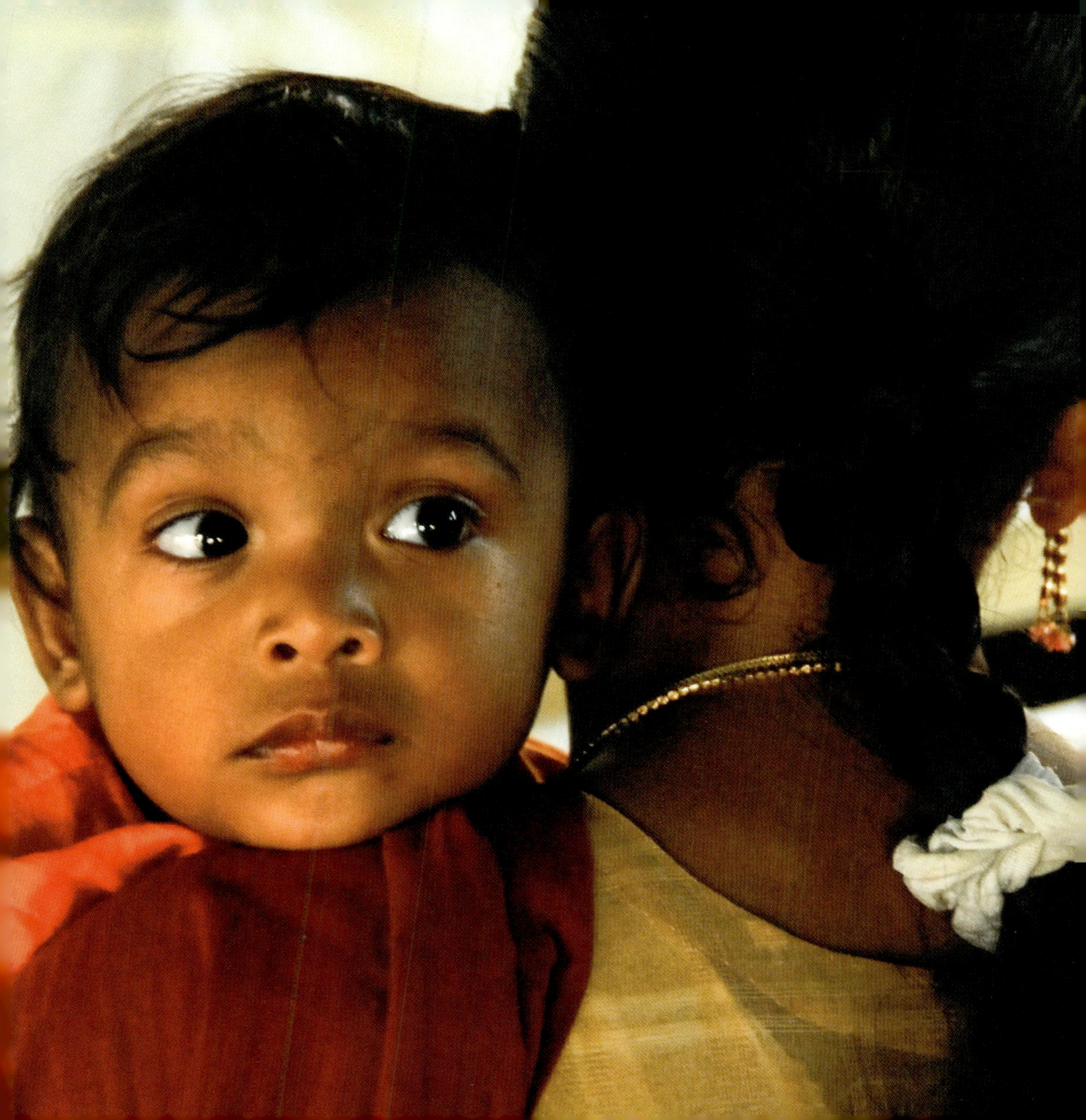

20 septembre

François, le pauvre d'Assise, savait offrir une tendresse qui consolait tous les êtres vivants, humains ou non. Les animaux l'approchaient. Les oiseaux aimaient frôler la tunique de ce saint dont la présence était emplie de l'esprit de Dieu.

Icône de saint Paul et le corbeau du monastère
Saint-Paul, février 2008.

21 septembre

Dieu n'est qu'amour, sans commencement ni fin.
Les mots sont trop limités pour en parler.

22 septembre

Ne vaudrait-il pas mieux parfois se taire et laisser Dieu agir ?

24 septembre

Il faut laisser à la terre ce qui est appelé à mourir – en cultivant ce qui ne meurt pas et appartient au ciel.

25 septembre

Le Christ est invisible mais présent. Il nous aide chaque jour à préserver ce qu'il y a de meilleur en nous.

26 septembre

Si nous savions nous arrêter pour contempler les beautés du monde, notre cœur serait rempli de joie et plus facilement ouvert aux autres.

27 septembre

Le monde manque de douceur.
Je manque de douceur.
Nous manquons de douceur, toujours pressés par le temps.

Rochers sculptés par le vent et le sable
dans le désert Blanc, Égypte.

28 septembre

Dans le silence et le recueillement du cœur,
on touche la présence de Dieu.

1er octobre

Thérèse de Lisieux a été happée par le Christ. À travers elle, l'invisible se fait visible, elle nous entraîne vers les plus hauts sommets où s'entrouvrent les portes éternelles.

Fête de sainte Thérèse de l'Enfant-Jésus

2 octobre

Dans les Béatitudes, le Christ délivre l'essence du message évangélique qui est universel. Aux Indes, le Mahatma Gandhi, un homme de paix et d'amour, disait qu'on n'a jamais rien proclamé sur terre de plus sublime !

Anniversaire du Mahatma Gandhi,
né le 2 octobre 1869, en Inde

4 octobre

Saint François agonisant a demandé qu'on le dépose sur de la cendre, en signe de pénitence ultime. Sa vie est un exemple d'humilité qui force le respect.

Fête de saint François d'Assise

Sable d'Assouan, Égypte.

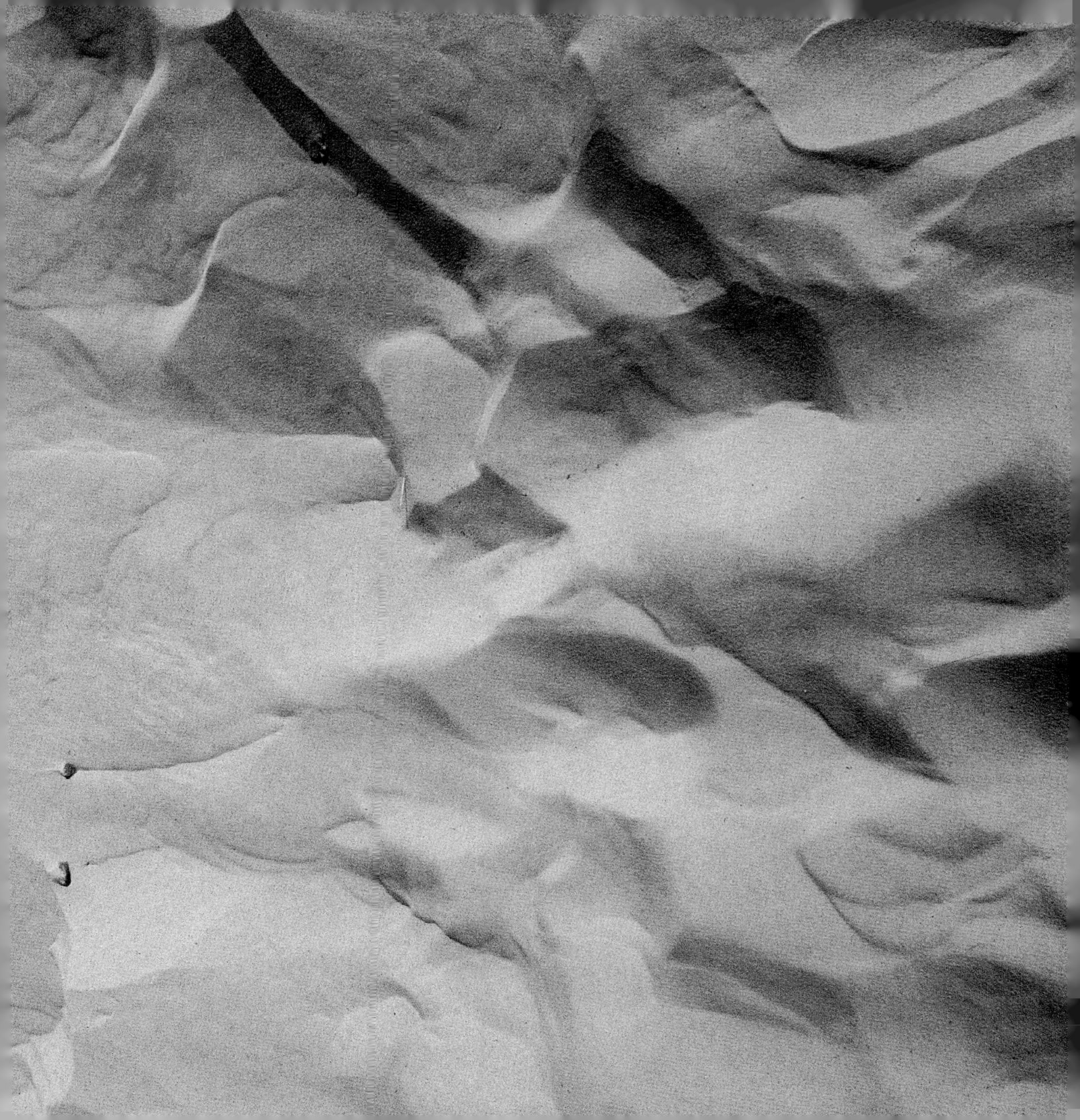

5 octobre

Le plus beau jour de ma vie fut celui de l'ouverture du lycée Basma, le « lycée du Sourire », en plein bidonville du Mokattam où les filles étaient mariées vers onze, douze ans. Leur libération est maintenant en route. Sachons remercier Dieu pour ce qu'il nous permet d'accomplir de bon sur terre !

Inauguration du lycée Basma, le 5 octobre 1995, dans le bidonville du Mokattam, au Caire

Sœur Sara, sœur Emmanuelle, « l'ami Jean » et les enfants.

6 octobre

Au bidonville, j'ai ressenti beaucoup de douceur,
parce qu'il y avait beaucoup d'enfants.
L'enfant sécrète la douceur.

Rentrée dans l'école.

7 octobre

Je ne ressens ni manque, ni vide, car mon cœur est comblé par l'esprit d'amour qui donne accès à la plénitude.

8 octobre

Thérèse de Lisieux et Bernadette Soubirous sont mes petites sœurs très aimées. La main dans la main, nous avançons ensemble et elles me mettent en garde chaque fois que j'oublie les vertus de la modestie.
Il est bon de se laisser guider par des personnes qui incarnent un idéal de perfection.

Sœur Sara et les petits du jardin d'enfants
Rose-Marie de Mokattam

9 octobre

Mère Teresa a une beauté d'âme indescriptible.
Chacune de ses paroles est une ouverture vers le ciel.

Medinet Abou, temple funéraire
de Ramsès III.

11 octobre

Je ne demande plus rien pour moi.
Je ne désire rien.
J'accepte tout ce qui m'arrivera.

12 octobre

Le pardon est essentiel. Nous devons toujours nous pardonner les uns les autres car souvent, sans le vouloir, nous nous faisons de la peine.

13 octobre

Avec l'âge, le dépouillement s'opère naturellement.
Le privilège de ma centième année est que la vie m'a libérée de mon trop-plein d'orgueil.

14 octobre

La Vierge est là au moment de notre mort.
Comment ? C'est son secret. Elle voit tout dans le cœur de Dieu, ô merveille !

15 octobre

Je suis trop faible pour marcher aujourd’hui. Mais mon âme avance, sans avoir besoin de mes jambes, vers l’éternité.

16 octobre

La pauvreté parfaite est le désir inassouvi de mon existence,
à l'exception des vingt-deux ans du bidonville.
On ne touche sa vérité que dans la pauvreté.

Gravures d'Abd El Moghny dans l'oasis
de Farafra, Égypte.

17 octobre

Soyons logiques. Si nous épargnons à un enfant la mort par faim ou maladie, il faut lui donner une vie dont il puisse se servir. C'est à dire qu'il faut l'instruire, cela seul le sauvera.

Journée mondiale du Refus de la misère

Une *rakouba* du centre de nutrition Amal, Khartoum, 2008.

1 2 3 4
5 6 7 8
9 10
English 21/2/2008
A B C D E F G
H I J K L M
N O P Q R
S T U V
W X Y Z

18 octobre

Déleste-toi du qu'en dira-t-on et marche le cœur léger vers ton étoile !

Fresque de prisonniers assyriens à Abou Simbel.

19 octobre

J'ai eu un seul projet pendant mon siècle de vie, celui d'aimer.
J'ai eu la chance incroyable de vivre un siècle d'amour.

20 octobre

Le monde de Dieu est un refuge qui protège des bruits du monde sans valeur.

21 octobre

Ne respirez que l’amour !
Ne vivez que d’amour !

Entrée de l’école de Mokattam, inauguration du jardin d’enfants, 1999.

22 octobre

Il faut prendre la vie telle qu'elle vient,
en y ajoutant un grand parfum de tendresse.

Dans un *Baby Feeding* d'Opération Orange.

23 octobre

J'ai compris avec la vieillesse que je me rapprochais du monde éternel parce que la plupart de mes proches sont déjà partis vers la rive d'éternité.
On se tourne d'autant plus vers le ciel qu'on y est attendu par les personnes que l'on a aimées sur terre.

24 octobre

Le Seigneur m'a portée dans ses bras et j'éprouve une très grande reconnaissance pour la vie qu'il m'a donnée. Je me sens privilégiée et responsable de prier pour que l'humanité découvre le don d'aimer.

25 octobre

Je suis dans ma centième année, je n'ai plus le droit de « rigoler ». Il me faut penser aux choses sérieuses !

Sœur Emmanuelle,
novembre 1998.

26 octobre

Je laisse le passé entre les mains de Dieu.
L'avenir est la route vers le ciel. Mais ce qui m'intéresse le plus, c'est la minute présente où je sens Dieu présent à la porte de mon cœur.

27 octobre

Qu'est-ce qui est immortel en nous ?
C'est le souffle de Dieu, un souffle d'éternité nous portant vers les autres.

Vestiges de la forteresse d'Ain Labakha,
avant-poste romain dans l'Antiquité,
près de l'oasis de Kharga, avril 2006.

28 octobre

À la mort de mon père, j'ai compris que sur terre tout passe et meurt.
Je me suis accrochée à Dieu, parce qu'il est le seul vivant dans les éternités des éternités.

29 octobre

La vie est belle et passionnante à tout âge,
quand vivre, c'est aimer et être aimé.

30 octobre

J’ai souvent lancé dans la presse ce genre d’appel :
« Des milliers d’enfants du sud Soudan meurent sur les routes, affamés sous un soleil de feu ! Il faut les sauver ! »
Je crois en la bonté de l’être humain car mes demandes d’aide ont toujours été entendues au-delà de ce que j’espérais.

« Fonçons pour le Soudan »,
appel du 30 octobre 1985 relayé par Opération Orange au nom de sœur Emmanuelle

LIBAN
EGYPTE
SOUDAN
OPÉRATION ORANGE

31 octobre

La vieillesse vise l'essentiel qui a un goût d'éternité.

1er novembre

« Seigneur, Ton pauvre corps a été mis dans la tombe,
comme le sera le nôtre,
Et Tu en es sorti transfiguré, comme nous en sortirons un jour. »

Prière de sœur Emmanuelle pour la Toussaint

Coucher de soleil au-dessus du désert Blanc.

2 novembre

J'ai besoin qu'on m'embrasse sur les deux joues,
ce que je désirais beaucoup moins quand j'étais plus jeune.
Dans la vieillesse, les marques de tendresse font du bien.

Sœur Emmanuelle et Jean Sage, en juin 1993,
au pied de la pyramide de Khéops,
Égypte.

3 novembre

Si l’on perce les réalités les plus douloureuses,
on y trouve toujours une force lumineuse de courage
et d’espérance.

5 novembre

Lorsque, par la prière, on est parvenu à une plénitude d'être,
on communique aux autres cette vitalité qui est la sève du bonheur.

6 novembre

Dieu nous aime avec la bonté d'un père mais aussi la tendresse d'une mère.

Fresque de « La fuite en Égypte »
taillée dans la falaise de Mokattam.

7 novembre

On ne peut comprendre l'être humain sans réaliser à quel point Dieu est présent dans nos vies.

Fresque de la nécropole d'El-Bagaout
près de l'oasis de Kharga.

8 novembre

Lorsque nous sommes blessés, nous avons besoin de recevoir la tendresse qui se donne dans un cœur à cœur.

9 novembre

Chaque jour m'apprend le chemin de la vie.

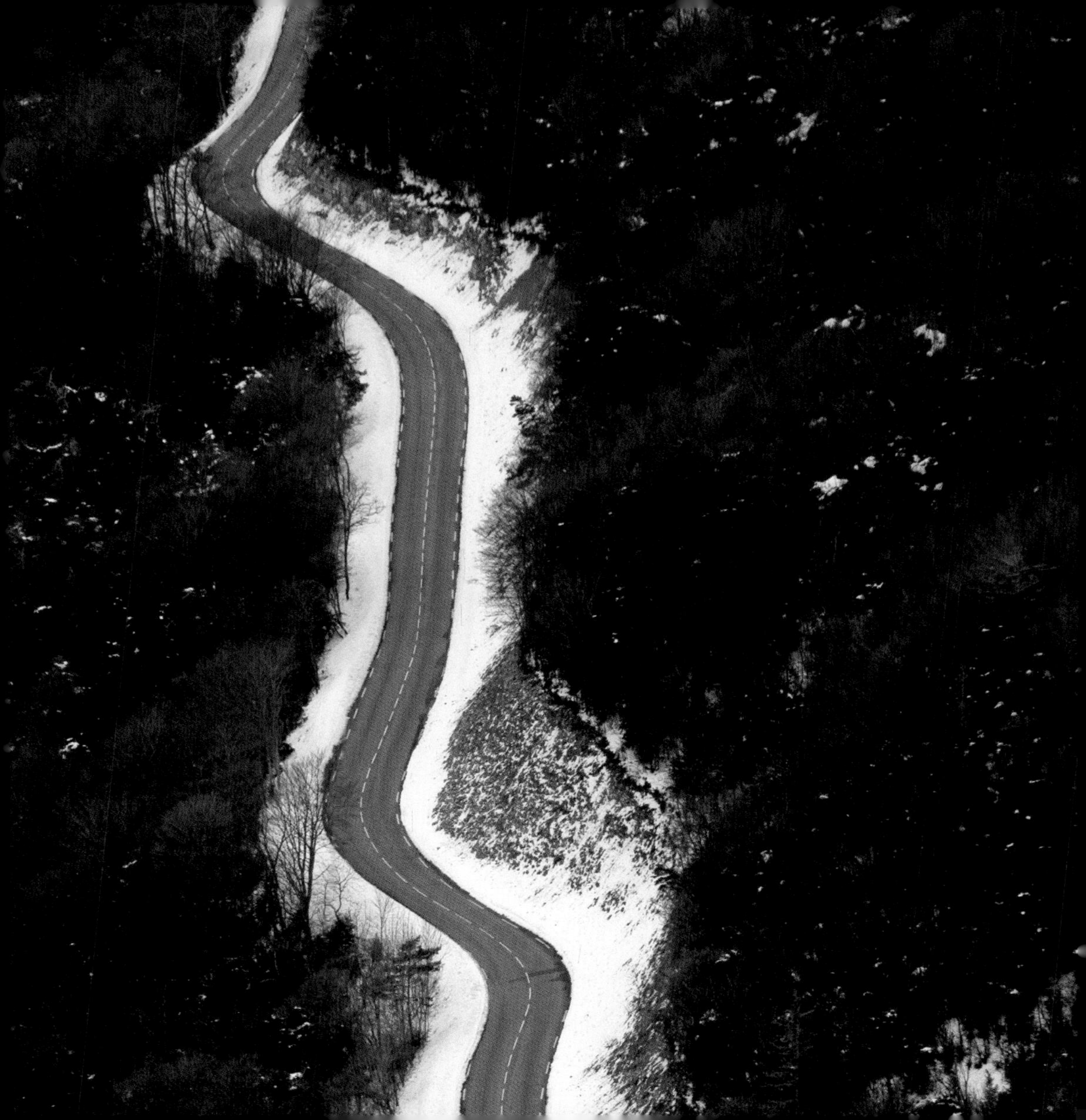

10 novembre

Quand tu as compris que tout passe, tu ressens moins d'intérêt pour toi-même et deviens ainsi libre de t'intéresser aux autres.

11 novembre

Agir pour l'autre, tel est notre tremplin de joie.

12 novembre

Dans un ciel d'orage, une petite éclaircie est toujours présente.
Donnons-nous comme règle de regarder le côté lumineux
de la terre, malgré le mal et la souffrance.

Le Nil à Louxor.

13 novembre

Cherche sans relâche le remède qui soulagera ta peine
et celle des autres. Quand tu l'auras trouvé, tu te sentiras vivifié
et ton amour fera des miracles.

14 novembre

On ne possède pas le bonheur. Il faut le faire jaillir à chaque instant, dans son cœur et le cœur de l'autre.

Les petits du jardin d'enfants
Rose-Marie de Mokattam.

BMB

15 novembre

Jamais je n’aurais pu supporter tant de détresses humaines si je n’avais cru à la résurrection de la chair qui est la vie au sens le plus vital.

16 novembre

Du sang français par mon père, du sang belge par ma mère, dans le même chaudron, ça bouillonne !

Naissance de sœur Emmanuelle,
le 16 novembre 1908, à Bruxelles

Sœur Emmanuelle,
novembre 1998.

17 novembre

Au terme de la vie, il n'y a pas la mort, mais la Vie
qui ne s'arrête plus.

18 novembre

Courons pour donner la main à l'autre et l'aider à sortir de son enfermement dans la maladie, la misère ou la mort.

19 novembre

Mes frères et sœurs d'humanité sont ma source de joie et d'énergie sans cesse renouvelée.

Sœur Emmanuelle, novembre 1998.

20 novembre

C’est une des avancées majeures du XXe siècle d’avoir réuni la grande famille humaine pour faire respecter les droits des enfants du monde.

Journée mondiale des Droits de l’enfant

Enfants dans une rue de Rachid (Rosette) à l’est d’Alexandrie, février 2008.

21 novembre

Le Christ m'a souvent dit : « Reste ici ! Donne-moi tes yeux pour que je les regarde avec amour ! Donne-moi tes pieds pour que j'aille vers chacun d'eux avec amour. Mais surtout donne-moi ton cœur de femme égoïste, vaniteuse et limitée pour que j'y verse un torrent d'amour ! » J'ai dit : « Oui » ! Nous serions plus heureux si nous savions toujours dire « Oui » à Dieu.

23 novembre

La lumière entre dans notre vie quand nous la donnons aux autres.

Toit de la Maison des Femmes,
dernière réalisation d'Opération Orange
à Mokattam.

24 novembre

Je ne crois pas que l'homme puisse, à lui seul, sauver l'homme.

ΜΡ
ΙC ΧC

26 novembre

L'amour est le soleil caché au fond du cœur humain.

27 novembre

La mort est un moment extrêmement dur,
mais un moment seulement.

28 novembre

Le souffle de Dieu en l’être humain est un souffle de résurrection qui ne s’arrête pas avec la mort.

29 novembre

Les enfants sont l'avenir de l'humanité.

30 novembre

Seigneur, je suis sûre qu'à chacun de nous, les pauvres types,
Tu vas dire le jour de notre mort : « Tu seras avec moi, ce soir, dans le paradis ! »
Car il y aura un soir où Tu nous revêtiras de Toi.

1er décembre

Lorsqu'une personne prie pour un être aimé, il s'établit une relation spirituelle d'une force qui dépasse les limites du lieu et du temps.

2 décembre

L'épreuve impose le renoncement à un bonheur illusoire et crée les conditions pour grandir en humanité.

3 décembre

Lorsque l'âme s'abandonne entre les mains de Dieu, elle s'élève dans son amour et ne connaît plus les limites de la vie terrestre.

4 décembre

N'aie pas peur, Dieu traverse ton être tout entier. Tu es enveloppé par l'amour de ce Dieu qui te connaît jusqu'au plus intime.

5 décembre

Par le cœur, la foi nous ouvre le mystère de la divinité
et de l’humanité.

6 décembre

« Je vous aime et vous emporte dans mon cœur et ma prière. »
Telle est la dernière pensée que je voudrais avoir pour ceux que je laisserai sur terre.

Sœur Emmanuelle, novembre 1998.

7 décembre

L'épanouissement de notre être ne se manifeste que dans l'amour.

8 décembre

L'Immaculée Conception de Marie signifie que, de la première minute de son existence jusqu'à sa mort, la Vierge n'a pas été troublée par un seul péché. Elle est d'une pureté éblouissante.

9 décembre

Au paradis, les hommes n'auront plus qu'à s'aimer.

10 décembre

Nous devons nous battre pour que soient respectées la vie et la dignité des plus faibles.

Centre de nutrition de Tawidat,
Khartoum, 2008.

Journée mondiale des Droits de l'homme

11 décembre

La foi me fait chanter dans mon cœur et passer par-delà les obstacles.

13 décembre

Seigneur, aide-nous à être heureux et à créer du bonheur,
en faisant éclater la gangue de malheur qui nous étouffe.

14 décembre

« Si tu veux aimer tout, n'aime rien. »
Ce vers de Jean de la Croix nous dit que l'on se rapproche du *tout* dans l'épreuve du *rien*.

Fête de saint Jean de la Croix

15 décembre

Saint François d’Assise a été un fou d’amour. Il lui suffisait de regarder les gens et il les ravissait. Sa puissance d’amour fut portée à un degré tel qu’il reçut les stigmates.

16 décembre

Lors de notre première rencontre, sœur Sara lavait à grande eau l'escalier de son couvent. Jamais je n'avais vu de supérieure occupée à ce genre de tâche.
Seule une parfaite humilité permet de dévouer ses forces au service désintéressé d'autrui.

Rencontre de sœur Emmanuelle et sœur Sara, le 16 décembre 1976

Sœur Emmanuelle et sœur Sara, trente ans de complicité.

17 décembre

La Vierge a connu l'une des souffrances les plus déchirantes qui soient, celle de voir mourir son fils. Elle peut donc le mieux nous aider lors du décès de personnes aimées.

ΙϹ
ΧϹ
ΜΡ ΘΥ

18 décembre

La pauvreté est le chemin de Dieu dans nos vies.

Égyptien sur son âne de retour
avec ses emplettes.

19 décembre

On m'a parfois appelée « anti-stress » parce que mon regard s'arrête toujours sur le bon côté des choses et que je vois « la vie en rose », comme dit ma chanson préférée.

Anniversaire d'Édith Piaf,
née le 19 décembre 1915, à Paris

Bougainvilliers de la « Maison du Bonheur »
à Abou Sultan, Égypte.

20 décembre

Partager avec d'autres, plus pauvres que soi, ce n'est pas se sacrifier mais vivre l'esprit de justice. Il n'est pas normal de profiter tout le temps d'une vie matérielle privilégiée.

Journée internationale de la Solidarité humaine

À Khartoum, des familles accueillent des enfants des rues.

21 décembre

De longues heures de prière silencieuse permettent de s'immerger de plus en plus profondément dans les joies, les douleurs et les détresses qui montent de la terre.

22 décembre

En donnant ma vie à Dieu, à l'espérance et à l'amour, j'ai choisi ce qui jamais ne finit.

23 décembre

Ne soyez pas des spectateurs de vie !
Soyez des créateurs de vie qui la font renaître
lorsqu'elle est faible et menacée !

24 décembre

Ce n’est pas vivre mais faire vivre qui est le secret de mon bonheur.

KOCHUTHAZHATHU

25 décembre

Noël, fête attendrissante !
Un bébé sur la paille : Dieu se fait homme !

NATIVITE
du CHRIST
ISAIE
IC XC
MP ΘV
IC XC

26 décembre

Avec la foi, on sait que Dieu se révèle dans chaque événement. Lors du tsunami, les victimes défuntes n'ont-elles pas été emportées dans la paix de Dieu, tandis que se manifestait un magnifique élan de solidarité pour les survivants ?

Le 26 décembre 2004, un tsunami causa la mort de 300 000 personnes en Asie du Sud-Est

27 décembre

La résurrection est l'entrée dans cette lumière qu'on appelle « le ciel » – une lumière où des milliards d'hommes ont déjà pénétré et vers laquelle nous allons.

Deux des cent trente-quatre colonnes de la salle hypostyle du temple de Karnak.

28 décembre

J'ai calmé en moi la part de l'esprit qui discute et questionne, car là n'est pas l'essentiel. Il suffit de se placer devant Dieu qui est la réponse à tout.

29 décembre

Si, durant mes années d'activité, je me suis battue pour les enfants en détresse, au soir de ma vie je me consacre à l'adoration de Dieu. C'est vers cette source de lumière que monte ma prière pour l'humanité tant aimée !

30 décembre

Je suis au dernier barreau de l'échelle qui monte vers Dieu
et j'attends de me fondre dans sa lumière.

31 décembre

Merci, Seigneur,
Toi, l'au-delà de tout,
Toi, la vie en plénitude,
Toi qui m'attends dans la maison où Tu m'as préparé une place.
Merci !

Sœur Emmanuelle en quelques dates

16 novembre 1908 : naissance

22 mai 1931 : prise de vœux

30 juin 1971 : installation au bidonville

16 décembre 1976 : rencontre avec sœur Sara

26 janvier 1987 : inauguration de l'usine de l'Espoir

3 juillet 1993 : départ du bidonville

5 octobre 1995 : inauguration du lycée Basma

21 mars 2002 : inauguration de la clinique Princesse Grace

17 septembre 2004 : création de la rose Sœur Emmanuelle

Anniversaires de personnalités

3 janvier : sœur Sara, responsable de l'œuvre de sœur Emmanuelle au Caire, assistée d'Opération Orange, association fondée par Jean Sage, dit «l'ami Jean» par sœur Emmanuelle

15 janvier : Martin Luther King, défenseur des droits civiques des Noirs américains, prix Nobel de la paix

17 janvier : Dalida, chanteuse d'origine égyptienne

3 février : Simone Weil, philosophe

4 février : père Pierre Ceyrac, jésuite

13 mars : Marthe Robin, mystique chrétienne

19 juin : Aung San Suu Kyi, résistante birmane, prix Nobel de la paix

23 juin : Zinedine Zidane

28 juin : Mohammed Yunus, économiste, prix Nobel de la paix

6 juillet : Dalaï-lama, chef spirituel des Tibétains, prix Nobel de la paix

18 juillet : Nelson Mandela, chef d'État, prix Nobel de la paix

5 août : Abbé Pierre, fondateur du Mouvement Emmaüs

26 août : Mère Teresa, fondatrice de l'ordre des Missionnaires de la Charité, prix Nobel de la paix

30 septembre : Élie Wiesel, écrivain, prix Nobel de la paix

2 octobre : Mahatma Gandhi, chef spirituel du mouvement de libération pacifique de l'Inde

19 décembre : Edith Piaf, chanteuse

Commémorations de grands événements

24 janvier : Décalogue d'Assise pour la Paix, 2002

8 mars : Journée mondiale de la Femme

22 avril : Journée mondiale de la Terre

1er mai : Journée mondiale du Travail

8 mai : Journée mondiale du Commerce équitable

22 juin : Journée nationale de Réflexion sur le don d'organes et la greffe

8 septembre : Journée internationale de l'Alphabétisation

10 septembre : Journée mondiale de Prévention du suicide

11 septembre : attentats à New York, 2001

17 octobre : Journée mondiale du Refus de la misère

20 novembre : Journée mondiale des Droits de l'enfant

10 décembre : Journée mondiale des Droits de l'homme

20 décembre : Journée internationale de la Solidarité humaine

26 décembre : tsunami meurtrier en Asie, 2004

Fêtes de saintes et saints

14 février : Valentin

18 février : Bernadette Soubirous

1er octobre : Thérèse de l'Enfant-Jésus

4 octobre : François d'Assise

14 décembre : Jean de la Croix

Crédits photos

© Opération Orange :

3, 12, 22, 25 et 26 janvier
3, 10, 17, 21 et 28 février
4, 8, 16, 18, 20, 22, 25 et 29 mars
1er, 6, 19, 27 et 29 avril
2, 5, 8, 9, 15, 17 et 20 mai
9, 10, 19, 22, 26, 28 et 30 juin
10, 25 et 30 juillet
4, 15, 17 et 25 août
2, 5, 8, 9, 11, 20, 23, 27 et 30 septembre
3, 5, 6, 8, 16, 18, 22, 27 et 30 octobre
1er, 2, 6, 7, 14, 20, 22 et 23 novembre
16, 18, 19, 20 et 27 décembre

© Philippe et Françoise Tessieux :

Couverture
4, 5, 7, 13, 17, 20, 21, 27 et 31 janvier
1er, 5, 12, 13 et 19 février
2, 7, 23 et 31 mars
4, 5, 8, 9, 14, 17 et 23 avril
6, 11 et 22 mai
4, 5 et 12 juin
1er, 3, 14, 19 et 20 juillet
13, 19, 22 et 29 août
4, 14 et 29 septembre
4, 9, 10, 17, 21 et 25 octobre
16, 19, 25 et 26 novembre
6, 10 et 22 décembre

Photo 17 septembre : © Delbard, avec leur aimable autorisation.

Toutes les autres photos : © Fabian da Costa

Pour en savoir plus sur sœur Sara et l'Opération Orange,
consultez le site Internet

www.operation-orange.org

OPÉRATION ORANGE
DE SŒUR EMMANUELLE

POUR LES ENFANTS
D'ÉGYPTE, DU SOUDAN,
DU LIBAN...

DANS LA MÊME COLLECTION

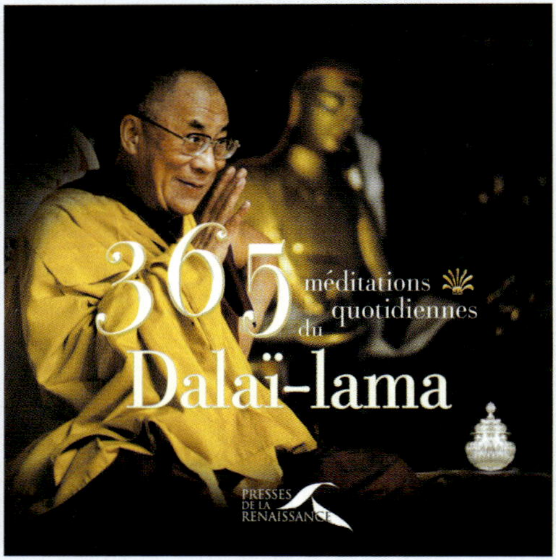

ISBN : 978-2-7509-0134-9

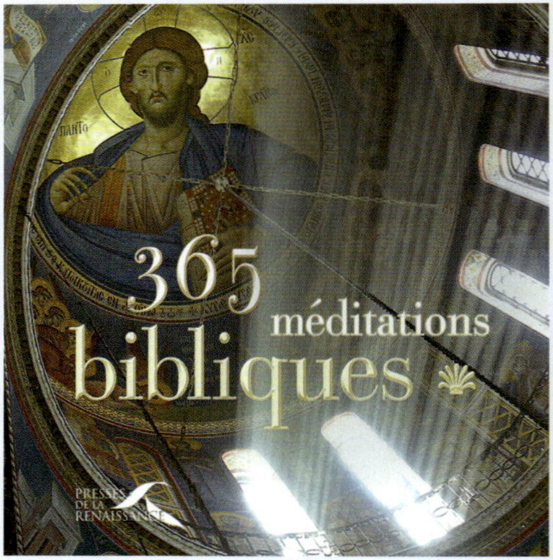

ISBN : 978-2-7509-0155-4

DANS LA MÊME COLLECTION

ISBN : 978-2-7509-0245-2

ISBN 978-2-7509-0325-1

Pour en savoir plus
sur les Presses de la Renaissance
(catalogue complet, auteurs, titres,
extraits de livres, revues de presse,
débats, conférences...),
vous pouvez consulter notre site Internet :

www.presses-renaissance.com

Maquette et photogravure :
Nord Compo, Villeneuve-d'Ascq

Achevé d'imprimer en France en octobre 2008
par Pollina - n° L48480
N° d'éditeur : R00435/02
Suite du premier tirage